엔크리스토 제자양육성경공부 3 - 정착과정

이대희 지음 | 바이블미션 편

새로운 사람

-뿌리 내리기

KB191571

엔크리스토
ENCHRISTO

말씀으로 삶을 변화시키는
한국형 제자양육 교재

혼탁한 시대일수록 확고한 제자의식과 말씀이 생활 속에 나타나도록 하는 훈련이 필요합니다.

많은 성경공부 교재들이 나와 있지만 자아의식을 높이고 말씀을 연구하며 묵상하고 실천하며 생활이 변화되도록 하는 양육교재는 그리 많지 않습니다.

귀납적 방법과 이야기대화식 방법을 적용한 엔크리스토 제자양육 성경공부는 한국 상황에 맞는 성경공부 교재입니다. 일대일과 소그룹을 통하여 스스로 공부할 수 있도록 하고 말씀 속으로 깊게 들어가게 하는 점에서 매우 흥미 있는 교재입니다. 또 말씀을 삶의 실천까지 이끄는 특징을 가지고 있는 전인적 양육교재입니다. 교사나 지도자에게만 의지하지 않고 스스로 성경을 배우고 조용히 은혜의 말씀 속에 잠겨 보면서 말씀의 능력을 경험할 수 있으리라 여겨집니다.

한국 교회는 말씀의 생활화를 위해 크게 힘써야 할 새로운 시대를 맞이하고 있습니다. 이 성경공부 교재가 성령의 인도하심 가운데 그리스도인 한 사람 한 사람을 제자의 삶으로 변화시키기를 소원합니다. 그리하여 한국 교회가 말씀으로 성장하며 아울러 사회와 민족이 말씀으로 새롭게 변화되는 데 귀하게 쓰이기를 기도합니다.

장로회신학대학교 대학원장, 명예교수

주선애

말씀을 통한 자연스러운
사람의 성장을 꿈꾸며

포스트모던 시대에 접어든 현대 사회는 하루가 다르게 급변하고 있습니다. 무엇보다도 물질주의, 이기주의로 인하여 인간의 존엄성이 사라지고 있고 세속화, 비인간화가 교회까지 침투하여 교회가 점차 위기를 맞고 있습니다. 우리는 날이 갈수록 무엇이 진리인지 알 수 없는 애매모호한 시대 속에서 살고 있습니다.

최후의 보루인 교회마저도 한 사람의 가치보다는 보이는 건물과 물질에 끌려가고 있는 실정입니다. 이렇게 된 요인은 절대적인 진리인 성경에서 멀어졌기 때문입니다. 우리 주위를 보면 사람과 교회가 말씀의 성장보다는 세상적인 유행이나 인위적이고 물질적인 성장의 흐름이 주도하고 있는 듯합니다. 지금 교회와 그리스도인은 내부에서 성장의 힘을 찾기보다는 외부에서 성장의 힘을 찾으려는 유혹에 직면해 있습니다.

교회는 인간의 경험과 생각이 아니라 말씀이 이끌어가야 합니다. 교회의 목적은 말씀을 생활화하는 것입니다. 그러면 자연히 교회는 성장하고 부흥하며 사회에서 영향력을 끼칠 수 있을 것입니다. 과정을 무시하고 빠른 속도로 이끌어 내는 인위적인 성장보다는 조금 느리더라도 과정을 거치면서 자연스럽게 유기적 성장의 모습을 추구하는 것이 모든 교회의 소망입니다. 성령의 역사로 교회가 자라가고 흥왕한다면 세상 사람들에게 칭찬 받는 능력의 교회가 될 것입니다.

이것을 위해서 각 그리스도인들에게 말씀의 생명력을 불어넣는 일이 중요합니다. 이런 지속적인 과정을 통하여 점차 구원 받는 자가 날마다 늘어나는 기적의 역사가 한국 교회 속에 일어나기를 소원합니다. 일시적인 성공 프로그램이 아닌 말씀을 통한 교회 성장을 꿈꾸어 봅니다.

본 양육교재는 "엔크리스토 성경공부" 라는 이름으로 한국교회에 소개되어 많은 사람들에게 사랑을 받았던 교재를 기초한 성경교재입니다. "엔크리스토 성경공부"는 20여 년 전, 마땅한 한국적 성경 교재가 없었던 시기에 젊은이와 청년들을 변화시켰던 성경교재입니다. 필자는 말씀을 통해 변화되는 사람들을 보면서 말씀의 힘이 얼마나 위대한지를 직접 경험했고, 그것이 지난 20여 년 동안 성경공부 교재 집필과 말씀을 전하고 가르치는 사역을 어려운 가운데서도 지속적으로 하게 된 원동력이 되었습니다. 지금도 필자는 이 성경교재로 은혜를 받고 성장한 사람들의 이야기들을 종종 접하고 있습니다. 20여 년이 지난 지금, 말씀을 통해 생명의 역사를 일으켰던 그 정신과 힘을 계속 이어간다는 의미에서 이번에 새롭게 내용을 구성하고 보완하여 한국교회 토양에 적합한 제자양육 성경공부 교재를 두려운 마음으로 다시 내놓게 되었습니다.

"성경으로 돌아가자"는 구호는 지금 한국교회에 아주 적합한 말입니다. 이런 저런 프로그램과 내용으로 사람과 교회를 변화시키려 하지만 결국은 성경밖에 없다는 결론에 이르게 됩니다. 사람마다 시기의 차이만 있을 뿐 결국 우리 모두가 이르게 될 종착점은 성경입니다. 시대와 상황에 상관없이 성경공부를 통한 제자양육은 아무리 강조해도 지나치지 않습니다. 성경공부는 단순히 책을 배우는 지식공부가 아닙니다. 말씀이신 하나님과 말씀이 육신이 되신 예수님과 오늘도 진리로 인도하시는 성령님을 체험으로 알아가는 전인적인 하나님 공부입니다.

2000년 전 초대교회는 전적으로 말씀의 힘을 받아 부흥했습니다. 100여 년 전에

불었던 한국교회의 부흥의 역사도 말씀을 통한 부흥이었습니다. 지금의 한국교회는 잠깐 유행하는 프로그램에 이리저리 끌려다녀 시간을 소비하기보다는 성경에 더욱 충실해야 할 것입니다. 아무쪼록 이 양육교재가 그런 일에 조금이라도 보탬이 되기를 소원합니다. 다음 세대에 물려줄 것은 오직 말씀뿐입니다. 이 교재를 통해 성경으로 돌아가며 각자 말씀의 위대한 능력을 경험하는 일이 한국교회에 새롭게 일어나기를 기도합니다. 이런 말씀의 부흥은 시대와 상관없이 다음 세대에도 계속 이어질 것입니다.

지금까지 20여 년 동안 필자와 함께 일대일과 소그룹, 다양한 교회현장에서 말씀을 나누었던 이름을 기억할 수 없는 수많은 사람들, 각자 주어진 현장에서 주님의 제자로 살아가고 있을 사람들, 말씀을 함께 나누면서 마냥 행복해했던 많은 형제와 자매들, 성도들, 학생들에게 감사드립니다. 이들은 지금까지 저에게 힘을 부어 주었던 너무나 소중한 사람들입니다. 이 자리를 빌어 감사의 인사를 전합니다. 특히 외로운 말씀의 길로 달려가는 데 늘 위로와 격려, 기도로 힘을 더해 준 착한 아내 채금령 님에게, 그리고 아버지의 일을 이해하고 잘 따라준 샘과 기쁨에게도 고마움을 전합니다. 그동안 말씀의 길을 가도록 멘토로 한결같이 이끌어 주신 은사 주선애 교수님과 어려운 가운데서도 말씀의 소중함을 가지고 한국교회의 말씀 사역을 위해 지원과 힘을 더해주시고 있는 엔크리스토 박종태 사장님에게 깊은 감사를 드립니다.

오직 하나님께 영광을 올리면서
저자 **이대희**

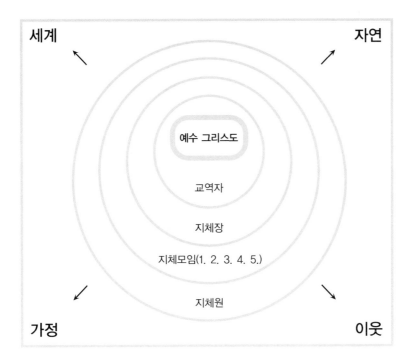

유 기 적 교 회 섬 김 조 직 표

세계

자연

예수 그리스도

교역자

지체장

지체모임(1. 2. 3. 4. 5.)

지체원

가정

이웃

- 엔크리스토 제자양육 조직은 상하명령식인 라인조직이 아닌 상호 유기적인 교제가 이루어지는 원형 조직입니다. 머리되신 예수 그리스도를 중심으로 모두가 그리스도의 몸된 공동체를 이루는 교회 모습을 지향합니다. 유기적인 원형조직에서는 머리이신 예수 그리스도 이외는 높고 낮음이 없이 모두 평등합니다. 모두가 그리스도 안에서 만인 제사장입니다. 그러나 그리스도의 몸 안에서 분량에 맞는 역할과 책임이 있다는 면에서 서로 다릅니다.
- 그리스도, 교역자, 지체장, 지체모임, 지체원은 각자 분리된 것이 아니라 서로 긴밀히 연결된 유기적 관계이며 하나의 생명체입니다. 개인이 아닌 몸된 교회입니다. 세상으로 나갈 때는 각 개인(지체들) 으로 가정, 이웃, 세계, 자연 속에서 사명을 감당하지만 결과적으로는 몸된 교회로서 움직이는 것입니다. 교회와 지체와 나는 분리될 수 없는 하나입니다. 교회의 영광이 곧 나의 영광이며 나의 영광이 곧 교회의 영광인 하나된 구조입니다.

그 리 스 도 와 공 동 체 가 맺 은 공 동 체 약 속

나는 예수 그리스도가 나의 구주되시며, 주님은 나에게 힘을 주시는 분인 줄 믿습니다.

나는 주님의 제자가 되는 제자양육 과정을 통하여 주님이 원하시는 충실한 제자가 될 줄 기대하며 믿습니다.

나는 하나님의 말씀을 배우면서 주님을 닮은 자가 되기 위하여 다음에 대한 것을 성실히 지킬 것을 주님과 지체원들에게 약속합니다.

1. 시간을 꼭 지키며 모임에 빠지지 않도록 합니다.
   (불가피할 경우 사전에 연락하며 보충을 받도록 합니다)
2. 이 과정을 마칠 때까지 모임과 지체원들을 위하여 일주일에 한번 이상 기도합니다.
3. 이 과정을 성실히 마치도록 돕는 기도후원자를 둡니다.
   (기도후원자 이름: 관계:)
4. 매과의 해당 성경본문을 3번 이상 읽고 교재를 준비해 옵니다.

200   ,   ,

이름:

서명:

엔크리스토 제자양육 성경공부는 하나님의 말씀을 통해 그리스도의 제자로 양육하는 특징을 가지고 있습니다. 어느 한부분이 아닌 전인적인 측면에서 제자를 양육하는 한국토양에 맞는 제자양육 과정입니다.

특징

1. 교회와 생활을 변화시키는 새로운 패러다임의 통합형 전인 제자양육 과정입니다

복음 소개와 전도, 일대일 양육, 말씀공부, 영성훈련의 4가지 과정을 하나로 통합한 제자양육 과정으로 기존의 성경공부 중심으로만 되어 있는 제자과정을 뛰어넘는 새로운 형태의 통합형 전인적 제자양육입니다.

2. 제자양육의 핵심인 성경공부는 본문을 중심으로 한 귀납적 성경공부와 이야기대화식 성경공부를 통합한 성경공부입니다

기본적으로 관찰, 해석, 적용의 과정을 거치면서 실천에 이르게 하는 특징을 가지고 있습니다. 또한 이야기와 대화식을 통하여 생동감 있는 말씀으로 생활에 적용하는 가장 효과적인 성경공부 방법을 사용하고 있습니다.

3. 제자양육을 위한 소그룹과 나눔을 사용한 제자 양육과정입니다

일방적인 주입식 공부가 아니라 소그룹에서 서로 나눔을 통하여 말씀의 깊이를 알아가며 그것을 생활에 적용하는 제자양육 과정입니다.

4. 양육의 핵심은 성경공부를 중심으로 하되 이것을 실천하는 영성훈련 과정을 통해 전인적이고 실제적인 제자양육을 하는 과정입니다

영성훈련의 과정은 일회적이 아닌 지속적으로 반복하여 훈련할 수 있게 구성했으며 실제적으로 활용할 수 있는 방법들을 제시했습니다.

5. 신앙의 기초와 뼈대와 성장과 열매를 맺는 생명의 과정으로 자연스럽게 복음과 말씀을 만나 주님을 닮아가는 제자양육 과정입니다

생명체인 식물처럼 자연스러운 신앙과 유기적인 교회 성장을 기할 수 있도록 구성이 되었습니다. 교재 내용을 그대로 따라서 과정을 이수하다 보면 자연스럽게 생활에 익숙해지는 양육의 특징을 가지고 있습니다.

6. 제자로서 꼭 알아야 할 가장 중요한 신앙의 핵심과 뼈대를 중심으로 구성되었습니다

주님의 칭찬을 받는 제자와 신앙이 자라기 위해서 꼭 필요한 영양분과 같은 내용으로 구성되었습니다. 신앙의 핵심을 이해하면서 신앙의 기초를 든든히 하며 신앙 성장을 이룰 수 있습니다.

구성

제자양육을 만드는 전체과정은 크게 네 가지 과정으로 구성이 되었습니다.

1. 복음소개-비전 품기-전도 과정(1권)
2. 일대일양육-토양 가꾸기-기초과정(2권)
3. 말씀양육-뼈대와 성장과 열매 맺기-양육과정(3-6권)
4. 영성훈련-거름주기-영성과정(7권)

소그룹 속에서 행해지는 각과 성경공부 과정은 크게 다섯 단계를 염두에 두고 구성되었습니다.

- **도입-마음 열기**
  1단계—솔직하고 겸손한 마음을 가지라
- **말씀의 살핌-말씀을 듣고 받기-** `관찰`
  2단계—말씀을 들으라
  3단계—나의 말씀으로 받으라

- **말씀의 깨달음-말씀을 깨닫기-** `해석`
  4단계—말씀의 의미를 깨달으라

- **말씀의 적용-말씀을 적용하기-** `적용`
  5단계—깨달은 말씀을 적용하라

- **실천을 위한 묵상-실천과 결단 하기-** `실천`
  6단계—적용된 말씀을 삶에서 실천하라
  인내하면서 나가면 때가 되면 30배, 60배, 100배 열매를 맺는다.

복음과 만남과 일대일 양육 과정은 처음 제자훈련할 때 시행할 수 있는 **일회 과정**입니다. 그러나 영성훈련은 **평생 과정**입니다. 상황에 따라 이 부분을 현장에서 적절하게 사용하면 큰 유익이 될 것입니다.

교 재 사 용 법

1. 본 제자양육 성경공부는 주로 귀납적 방법과 이야기대화식 방법을 사용함으로 필자의 책을 참조하여 미리 이해하면 유익합니다. (이야기대화식 성경연구(엔크리스토 刊))

2. 본 제자양육은 설교식이나 일방적 강의가 아니라 함께 토의를 하면서 해답을 찾아가는 것이며 오늘 주시는 하나님의 음성을 듣는 것입니다.
   가능하면 미리 해답을 말하기보다는 점차 밝혀지는 방향으로 나아가야 합니다.

3. 본 제자양육 성경공부는 전인적인 삶에 목표를 두면서 머리와 가슴과 발과 손을 통합한 전인적인 의미에서 제자양육입니다.

4. "영성훈련" 과정은 수시로 사용할 수 있고 과정 중에 사용할 수도 있습니다.
   영성훈련은 서로 도와주고 이끌어 주면서 생활 속에서 훈련해야 합니다. 이것은 제자양육이 자칫 성경공부로만 그치는 것을 극복하게 합니다.
   이런 영성훈련 과정을 통하여 성경을 구체적으로 적용하는 능력이 생기게 됩니다. 그러므로 이것은 맨 마지막 과정에 사용하기보다는 중간 중간 필요한 상황에 따라 수시로 사용하는 게 좋습니다. 또한 과제 등으로 내줄 수 있습니다.

5. 본 제자양육 과정을 공부하기 위해서는 한 그룹을 "OO지체"라 부르고 구성원은 "OO지체원" 전체를 "OO 교회공동체"라 부릅니다. 모임을 총괄하는 사람은 "지체장", 성경과 양육을 담당하는 사람은 "교사"라고 부릅니다. 지체장은 전체적인 내용, 즉 봉사와 모임과 지체들과의 관계 등을 채워주고, 교사는 그날 주어진 말씀과 신앙생활을 주로 가르칩니다. 기존의 소그룹을 그리스도의 몸의 측면에서 이해하는 유기적인 조직으로서 오가닉 교회의 모습입니다.

엔크리스토 제자양육과정표

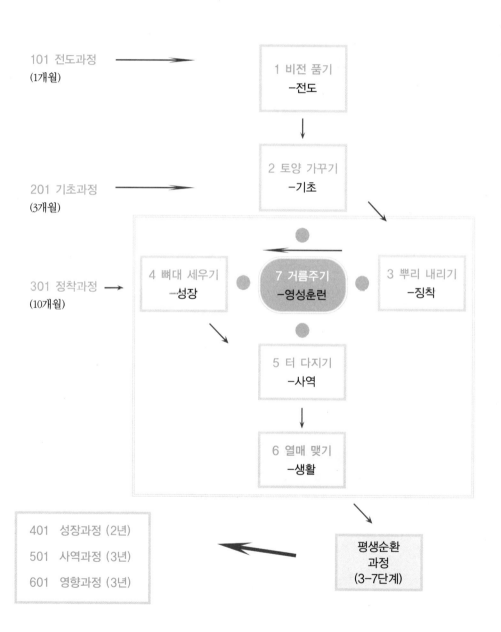

101 전도과정
(1개월)

1 비전 품기
−전도

2 토양 가꾸기
−기초

201 기초과정
(3개월)

301 정착과정
(10개월)

4 뼈대 세우기
−성장

7 거름주기
−영성훈련

3 뿌리 내리기
−징착

5 터 다지기
−사역

6 열매 맺기
−생활

401 성장과정 (2년)
501 사역과정 (3년)
601 영향과정 (3년)

평생순환
과정
(3−7단계)

차례

들어가면서

신앙이 성장하고 열매를 맺기 위해서는 마음밭에 영적씨앗이 심겨져 먼저 뿌리를 내려야 합니다. '뿌리 내리기'는 마음밭에 뿌려진 생명의 씨앗을 정착시키는 과정입니다. 이 씨앗은 평생 우리 신앙에 힘과 능력을 주는 원동력이 됩니다. 이 씨앗이 우리 마음밭에 잘 심겨야 30배, 60배, 100배의 열매를 맺습니다. 성장은 씨앗에서 결정됩니다. 씨앗에 문제가 있으면 더 이상 자라지 않습니다.

신앙 생활이 열매를 맺기 위해서는 심긴 신앙의 씨앗이 마음 깊이 뿌리를 내려 흔들리거나 떨어져 나가지 말아야 합니다. 씨앗의 발아가 일어나기 위해서는 뿌리를 내리는 일이 급선무입니다. 마음속 깊게 뿌리를 내려야 하는 세 가지 핵심 뿌리는 회개, 예수님, 성령님입니다. 이 세 가지는 신앙 생활하는 데 중요한 뿌리입니다.

회개는 사람 앞에서가 아닌 하나님 앞에서 해야 합니다. 그러기 위해서는 하나님을 알아야 합니다. 하나님께로 돌아오면 우리 안에 주님을 영접하게 됩니다. 그러나 회개하지 않으면 누구도 예수님을 마음에 받아들일 수 없습니다.

먼저 회개의 뿌리가 내려 우리 마음에 자리잡게 되면 그 다음엔 예수님의 뿌리가 박히게 됩니다. 그렇게 되면 예수님을 통해 주시는 선물인 성령님의 뿌리가 마음에 박히면서 자연히 그분의 인도하심을 받고 살게 됩니다. 이 세 가지는 나무의 뿌리가 서로 연결되어 있듯이 서로 분리될 수 없습니다. 함께 유기적으로 역사해야 합니다. 이것은 한 번이 아닌 평생 계속되는 일입니다.

　만약 신앙에 문제가 생기거나 신앙이 잘 자라지 않는다면 가장 기초적인 뿌리에 문제가 있지 않은지, 혹시 나도 모르게 뿌리가 뽑혀 나가지 않았는지 마음을 살펴보고 그것을 다시 점검해 보아야 합니다.

　3과를 배우면서 우리의 마음밭에 세 가지 뿌리가 깊게 박혀 내려지도록 해야 할 것입니다. 모든 것은 이 세 가지가 근원이 되어서 우리의 생각과 삶을 지배하게 됩니다. 이 뿌리가 깊게 내린다면 어떤 시험과 유혹에도 흔들리지 않고 승리할 수 있으며 하나님의 자녀로 풍성한 삶을 누리게 될 것입니다.

　이제 뿌리를 각자의 마음밭에 내리는 과정에 들어가겠습니다. 세 가지 뿌리가 마음속 깊게 내리는 역사가 모두에게 일어나기를 기도합니다.

새로운 사람
| 뿌리 내리기-정착과정 |

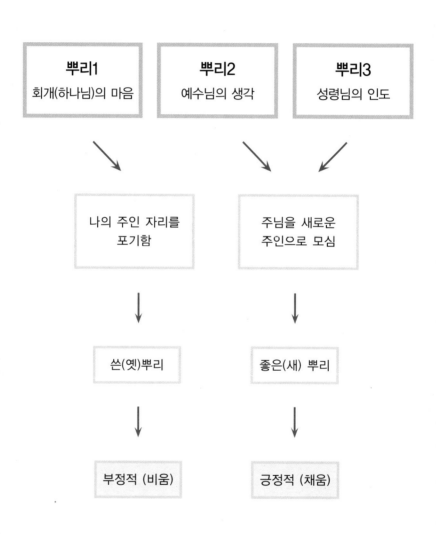

좋은뿌리 1

회개와 나

회개

—메타노에오 : 마음을 바꾸다. 회개하다
—메타노니아 : 회개, 회심

회개는 생각과 마음을 바꾸는 것을 의미합니다. 내 생각을 하나님의 마음으로 바꾼다는 것이 쉽지 않지만 이것을 이루는 것이 회개입니다. 회개는 단순히 내가 잘못했다고 양심의 가책을 느끼는 것을 넘어 하나님의 생각과 마음으로 전환하는 것을 의미합니다. 하나님 없는 회개는 없습니다. 회개와 관련하여 나오는 성경의 단어가 '돌이킴' 입니다. '돌이킴' 은 방향을 하나님께로 전환하는 동사적인 단어입니다. 회개는 내적인 변화를 의미하지만 돌이킴은 외적인 변화를 의미합니다. 회개와 돌이킴이 함께 동반될 때 진정한 회개라고 할 수 있습니다.

구약성경에 나타난 회개

구약에서는 회개를 가리키는 특별한 단어가 없습니다. 그러나 이 개념은 제의나 예배형식에서 찾아볼 수 있습니다. 특히 예배형식에서 회개는 민족적 위기에서 발생했습니다. 종종 일반적인 재난들은 개인의 죄가 아니라 대중의 범죄에 그 원인이 있는 것으로 보입니다. 선지자들은 참된 회개에는 형식과 함께 죄에서 돌이키는 행동이 수반되어야 한다고 주장합니다. 이들은 참된 회개에 해당되는 특별한 단어를 만들어내지 않고 돌아옴을 나타내는 상용어인 '슈브'(돌아서다)를 대신 사용합니다. 이 단어는 '~으로부터 돌아서다'는 의미로서 나쁜 길에 빠진 후에 되돌아온다는 의미가 내포되어 있습니다. 이 회개의 방향은 하나님을 향해 있습니다. 회심이라는 개념은 삶의 모든 영역을 포함하여 어떠한 의식도 대신할 수 없는 것으로, 의지를 요구하시는 하나님께서 새로운 관계를 요구하신다는 사실을 적극 강조합니다. 선지자들이 말하는 돌이킴(회심)에는 보통 세 가지가 있습니다.

첫째, 하나님에 대한 순종, 즉 하나님 뜻에 맞는 행위를 통하여 하나님을 무조건 인정하는 것입니다(호 6:1; 렘 18:15).

둘째, 모든 인간적인 도움과 모든 거짓신들을 거부함으로 하나님을 신뢰하는 것입니다(렘 14:4, 렘 3:22-23).

셋째, 불경한 모든 것으로부터 얼굴을 돌리는 것을 의미합니다(렘 26:3; 겔 18:26).

신약성경에 나타난 회개

'회개'라는 말은 사도행전과 공관복음에서 자주 나타납니다. 일반적인 의미는 '마음의 변화', 즉 '회심'이며 구약에서 이 단어가 같은 뉘앙스로 사용됩니다. 다시 말하면, 회개는 단순히 죄에 대한 슬픔이나 마음의 변화에 대한 부름이 아닌 예수께로의 부름입니다.

―세례 요한

세례 요한이 외친 메시지의 핵심은 회심이었습니다. 특히 심판이 임박했음을 선포하고 하나님께서 우리에게 향하시므로 우리도 하나님께 향할 것을 요구합니다.

―예수님

예수님은 하나님의 나라에 관한 메시지를 전하면서 회개를 지금의 상황에 함축하여 명령하고 있습니다. "회개하라 천국이 가까웠다"는 메시지를 통하여 하나님의 나라에 들어가기 위한 회심을 말씀하셨습니다. 이것은 무조건적인 결단으로서 완전한 순종의 자세로 단 한 번에 하나님께로 향할 때 일어나는 회심의 부름입니다. 회심은 하나님의 선물이지만 그 자체가 하나님 앞에서 구속력이 있는 인간의 결단이며 하나님의 요구입니다. 겉보기에는 메시지가 엄숙하지만 그 안에는 기쁨이 담겨 있습니다. 당장 먹기에는 쓰지만 그것을 맛보고 나면 달콤합니다. 회개는 율법인 듯하지만 사실 복음입니다.

─ 초대교회

초대교회의 사도들은 언제나 회심을 절대적으로 요구하며 선포했습니다. 사도행전에서 회개는 제자들이 전하는 메시지의 핵심을 이루고 있습니다. 이것 때문에 제자들은 많은 핍박과 죽임을 당했습니다. 회심이란 악으로부터 돌이키어 하나님께로 향하는 동사입니다(행 8:20). 하나님의 선물이자 인간의 필연적인 과제입니다. 회심은 삶 전체를 포괄합니다(행 5:31). 회심의 기초는 전적으로 예수 그리스도께서 이루셨습니다. 성령이 역사하면 인간에게는 회심이 일어납니다. 믿음은 당연히 회심을 동반합니다(행 26:18). 회심의 목표는 죄 용서함이며 최후에는 구원입니다. 회개 없이는 누구도 구원 받을 수 없고 천국에 들어갈 수 없습니다.

 … 나 침 반 열 기

왜 회개가 중요한가?

세상의 여러 가지 갈등과 문제는 인간의 죄악에서 비롯됩니다. 죄악이 번성하면 할수록 인간의 문제는 복잡하고 인간의 힘으로 도저히 해결할 수 없는 미궁으로 빠져듭니다. 인간은 태어날 때부터 죄를 가지고 왔습니다. 그러므로 인간이 죽음을 통과하지 않는 한 스스로 죄 문제를 해결할 수 없습니다. 이미 죄를 가지고 태어난 인간은 죄값으로 세상에서 고통을 받다가 결국에는 그 값을 지불하면서 죽게 됩니다. 죄가 없다면 죽지 않고 영원히 살 수 있습니다. 그러나 모든 인간은 죽습니다. 그것은 인간이 누구나 죄인이라는 것을 실제적으로 증명하는 좋은 예입니다.

죄는 하나님을 거역하고 하나님을 떠나면서 생겨났습니다. 하나님 없는 모든 것이 죄악입니다. 하나님을 떠날 때 죄는 시작되고 하나님을 잊어버리면 인간 안에 숨어 있는 죄는 다시 살아납니다. 세상의 모든 불합리한 문제들과 시기와 질투, 욕심 등 모든 것은 죄가 만들어낸 작품입니다.

그렇다면 죄를 해결할 수 있는 방법은 없습니까? 그것은 하나님을 인정하고 하나님을 믿는 일, 즉 하나님께로 돌아올 때 우리의 죄를 해결할 수 있습니다. 하나님께로 돌아와 하나님의 용서를 받을 때 죄는 나에게서 사라지게 됩니다. 죄는 한 번에 그치지 않고 계속하여 우리를 괴롭힙니다. 죽는 순간까지 우리를 유혹하고 멸망에 이르게 합니다. 하나님께로 돌아오는 일회적인 회개는 원죄를 영원히 없애줍니다. 그러나 하나님을 인정하면서도 죄를 짓는 일은 계속됩니다. 그렇기에 우리는 날마다 회개해야 합니다. 그것은 구원 받기 위해서가 아니라 하나님의 뜻을 행하기 위해서입니다. 회개는 신앙의 뿌리입니다.

만일 신앙생활에 문제가 생기면 기계의 엔진을 살펴보듯이 회개에 대한 부분을 다시 점검해 보아야 합니다. 아직도 회개하지 못한 부분은 없는지, 하나님보다 더 소중한 것이 나를 사로잡고 있지는 않는지 돌아보아야 합니다.

이런 의미에서 회개에 대한 성경의 살핌은 매우 중요합니다. 무엇이 회개이며 구체적으로 어떻게 회개의 삶을 살아야 하는지 성경을 통하여 확인하고 실천하면 점차 우리는 거룩한 하나님의 자녀로 자라가게 될 것입니다. 회개의 과정을 통하여 자신을 정직하게 돌아보게 되길 바랍니다.

하나님께 돌아오라

본문 말씀 : 호세아 6:1-11

삶의 나눔

1. 각자 16절지 종이를 나누어 갖고 다음 사항에 대한 답을 합니다.
   - 내가 본 나의 장점은?
   - 내가 본 나의 단점은?
   - 남들이 말하는 나의 장단점은?
   - 나를 표시할 수 있는 색깔은?

2. 다 썼으면 종이를 접어서 모두 걷으십시오. 그리고 섞어서 무작위로 나누어 줍니다.

3. 한 사람씩 자기가 가지고 있는 것을 발표합니다.

4. 발표 내용을 들으면서 주인공을 알아맞춥니다.

5. 다 마쳤으면 서로의 느낌을 이야기합니다.

말씀의 살핌

저자

호세아입니다. 그는 북왕국 출신으로 북왕국 이스라엘을 예언한 유일한 선지자입니다.

시대적 배경

호세아가 사역을 시작했던 여로보암 2세 때는 물질적으로 풍요로운 시대였으나 영적으로는 빈곤한 시대였습니다. 그는 하나님의 심판이 임박했다고 선포했습니다. 지금이라도 회개하고 하나님께 돌아오면 용서해 준다고 외쳤습니다.

특징

호세아서는 성실한 남편을 버리고 악한 정부(情夫)를 따라가는 한 여자를 통해 이스라엘의 배반을 상징적으로 이야기하고 있습니다. 이 상징은 호세아의 실제 가정생활을 통해 이스라엘의 회개를 원하시는 하나님의 모습을 보여줍니다.

용어 설명

─에브라임, 유다(4절): 유다와 에브라임은 이스라엘의 12지파 이름입니다. 유다 지파는 남쪽 이스라엘 자손에, 에브라임은 북쪽 이스라엘 자손에게 주도적인 역할을 한 지파입니다.

─인애(4절): 충성을 다한 사랑으로 확고한 사랑을 의미합니다.

─길르앗(8절): 여섯 도피성 중에 하나인 성읍으로 제사장들의 거주지였습니다. 도피성은 우발적으로 살인한 사람에게 피할 곳을 제공해 주는 장소였습니다(신 4:42). 그러나 인애를 원한 장소가 살인하는 곳으로 변했습니다.

─세겜(9절): 벧엘로 가는 도중에 위치한 곳으로 우상 숭배의 중심지였습니다.

27

01

1. 본문에서 보여주는 하나님은 어떤 분이십니까?(1-2)

2. 범죄한 이스라엘 백성이 살 수 있는 길은 무엇입니까?(1)

3. 하나님께 돌아오려면 먼저 해야 할 일은 무엇입니까?(3)

4. 이스라엘 백성들이 하나님을 사랑하는 마음이 무엇과 같다고 할 수 있습니까?(4)

5. 하나님은 왜 이스라엘 백성을 치셨습니까?(7-10)

말씀의 깨달음

1. 회개는 내가 잘못했다는 것을 넘어 누구 앞에서 잘못을 느끼는가가 중요합니다. "여호와께로 돌아가자"(1) 라는 말에 담긴 구체적인 의미는 무엇입니까?

2. 죄는 관계의 깨짐입니다. 관계가 회복될 때 하나님의 사랑 안에 거할 수 있습니다. 하나님과 멀어지는 것은 결국 죄에 속해 있음을 의미합니다. 관계가 깨어지면 의사소통이 안 되고 교제가 이루어지지 않습니다. 무엇을 통해 하나님과의 관계가 깨어짐을 알 수 있습니까?(참고, 요일 4:20)

3. 하나님을 올바르게 안다는 것은 신앙생활의 기본입니다. 알지 못하기에 돌아서려고 해도 어렵습니다. 이런 면에서 모르는 것이 큰 죄입니다. 그 중에 하나님을 알지 못하는 것이 가장 큰 죄입니다. 하나님을 안다는 것은 무엇을 어떻게 아는 것인지 이야기해 보십시오(참고, 요 17:3; 렘 31: 33-34).

말씀의 적용

01

1. 나는 하나님을 알기 위해서 무엇을 해야 한다고 생각합니까?

_____

_____

2. 내가 알고 있는 하나님의 모습을 생각나는 대로 이야기해 보십시오.

_____

_____

3. 하나님에 대해 잘못 알고 있는 것이 있다면 그것은 무엇이라고 생각합니까?

회개는 앎과 행동이 같이 이루어지는 것입니다. 하나님의 심판과 용서를 알고 있음에도 아직 하나님께 돌아오지 못하고 있는 부분이 있으면 말해 보고 그 해결책도 함께 이야기해 보십시오.

죄의 증상	진단	처방

함께 기도하기

1. 나를 죄에서 구원해 주심을 감사합니다.
2. 하나님으로부터 떠나 있는 것이 있으면 속히 주님에게 돌아오게 하소서.

묵상의 글

유명한 설교자였던 영국의 스펄전 목사는 자기 친구인 브라운 노드에 대하여 자주 이야기했습니다. 브라운 노드는 한때 방탕한 삶을 살았으나 나중에 구원을 받아 전도자로 부르심을 받았습니다. 어느날 옛 친구가 찾아와서 설교 직전에 편지 한 장을 강대상에 올려 주었습니다. 노드가 이 편지를 보았을 때 그 속에는 자기가 지은 옛죄가 소상하게 적혀 있었습니다. 그리고 마지막에는 "이런 추악한 인간이 어떻게 감히 설교를 할 수 있는가?" 라는 질문을 제기하고 있었습니다.

노드는 설교를 시작하자마자 이 편지를 교인들에게 읽어주고 나서 이렇게 말했다.

"이것은 모두 사실입니다. 그러나 여러분, 나의 구주는 속죄의 피로 나의 죄를 말끔히 씻어 주셨습니다. 나처럼 여러분께서도 주님을 구세주로 영접하지 않으시겠습니까?' 그리고 이어서 이렇게 말했습니다. "친구 여러분, 나도 여러분에게 동일한 말씀을 드리고 싶습니다. 나는 죄인이었습니다. 죄 속에서 길을 잃고 방황했습니다. 그러나 예수님께서는 나를 구원해 주시고 속량해 주셨습니다. 지금 그에게로 나오기 바랍니다."

범죄한 백성

본문 말씀 : 이사야 1:1-17

삶의 나눔

1. 아래와 같은 갈등 상황이 일어났다면 나는 어떻게 행동했을지 이야기해 보십시오.

상황1

은행에 가서 돈을 찾아 집에 와서 다시 세어보니 찾은 돈보다 2만 원이 더 많았다. 돈을 다시 돌려주기 위하여 은행에 갈 것인가, 아니면 모른 척할까?

상황2

지하철을 타려고 승강장에서 열차를 기다리고 있는데 모르는 사람 하나가 갑자기 기절을 하고 쓰러져 피를 토하고 경련을 일으키고 있다. 주위 사람이 몰려와 그냥 보고만 있는데 지하철이 도착하여 출입문이 열렸다. 이때 나는 모른 척하며 지하철을 그냥 탈 것인가, 아니면 사람들을 헤치고 쓰러진 그 사람을 도와줄 것인가?

말씀의 살핌

저자

이사야입니다. 이사야의 이름은 "여호와의 구원" 이라는 뜻이며, 그는
왕족 혈통입니다. 이사야는 궁전에서 교육을 받아 예루살렘 최고 수
준의 사람과 교류했습니다. 그러나 나중에는 므낫세 왕 때 톱으로 몸
이 둘로 잘려 순교를 했다고 전해집니다(히 11:37).

시대적 배경

이사야가 하나님의 부름을 받아 예언하던 시대는 국내외적으로 몹시
불안한 때였습니다. 종교적으로 바알 섬기는 자, 복술자, 요술자, 재판
장들을 더 의지하였고 정치적으로는 북이스라엘이 멸망하고 남유다
가 큰 위협을 받았습니다. 또 경제적으로는 빈익빈 부익부가 심하였
고 가난한 자에게는 탈취와 수탈이 자행되었습니다.

주요내용

이사야서는 성경의 축소판이라 할 만큼 귀중한 보물 상자입니다. 이
책은 크게 두 가지 중요한 부분으로 나뉩니다. 이사야서는 처음에는
이스라엘의 죄악의 상태를 묘사했고 끝 부분에서는 인간의 죄를 짊어
지시는 예수 그리스도에 대해서 말하고 있습니다.

용어 설명

─범죄(4절): '과녁을 맞추지 못했다', '과녁을 벗어나다' 라는 뜻의
 동사에서 유래된 것으로 하나님의 뜻에 벗어난 것을 의미합니다.
─허물진(4절): '무거운 짐을 짊어진다' 는 뜻으로 '허물진 백성' 은 죄
 악 가운데 있는 패역한 백성이라는 뜻입니다.
─행악(4절): '해롭다', '유해하다' 는 뜻.
─패역(5절): 악하고 불순함.
─만홀(4절): 멸시하고 업신여김.

33

一유(6절): 약을 발라주다.
　　　一딸시온(8절): 예루살렘을 의미합니다.
　　　一상지막(8절): 원두막

02

1. 본문의 개요를 말해 보십시오.(1)

一누가

一언제

一무엇을

2. 하나님은 이스라엘 백성을 어떤 관계로 표현하고 있으며 무엇과 비교하여 말하고 있습니까?(2-3)(참고, 렘 8:7)

3. 이스라엘이 하나님께 저지른 잘못은 어떤 것들입니까?(4)

4. 이스라엘 백성이 하나님께 범죄함으로 어떤 상태까지 이르게 되었는지 그 모습들을 말해 보십시오.(5-8)

5. 하나님을 생각할 때는 공의와 사랑 두 가지를 동시에 생각해야 합니다. 죄에 대해서는 엄격하시고 무섭게 질책하시지만 아울러 싸매고 긍휼히 여기시는 자비로움과 사랑도 있음을 알아야 합니다. 9절을 통해 나타난 자비하신 하나님의 모습은 무엇입니까?

6. 범죄한 백성에게 하나님은 무엇을 요구하십니까?(10)

7. 이스라엘 백성의 종교적인 잘못을 말해 보십시오.(11-15)

8. 이스라엘 백성에게 나타난 하나님이 진정으로 원한 것은 무엇입니까?(16-17)

말씀의 깨달음

1. 하나님이 이스라엘의 죄를 책망함에 있어 그 대상이 개인적이었습니까, 아니면 공동체적이었습니까? 이것이 우리에게 주는 깨달음은 무엇입니까?

_____

_____

2. 죄는 하나님을 버리고 떠나는 것입니다. 죄가 있는 한 우리가 도움을 구하여도 하나님께서는 눈을 가리우시고, 우리가 많이 기도할지라도 우리의 기도를 듣지 않으십니다.(15절)
그렇다면 우리들은 이 죄를 어떻게 처리해야 합니까? 아울러 16절의 "스스로 씻으며 깨끗하게 하여"라는 의미는 무엇인지 생각해 보십시오.

_____

_____

3. 죄는 개인적이기도 하지만 공동체적인 성격을 가지고 있습니다. 모든 이스라엘 백성이 범죄한 것은 아닙니다. 일부 경건한 자들이 있음에도 그들 역시 죄에 대한 고통을 함께 감수하고 있음을 봅니다. 이런 의미에서 개인의 죄와 공동체의 죄의 관계를 말해 보십시오.

_____

_____

말씀의 적용

1. 현재 우리나라 국민이 지은 죄는 어떤 것이 있습니까? 그것에 대해 나는 어떻게 감당해야 하며 또한 실천해야 할 것이 무엇인지 말해 보십시오.

―국가적으로

―교회적으로

―개인적으로

2. 어떤 문제가 생겼을 때 흔히 "나 때문이요"라고 하기보다는 다른 사람에게 그 책임을 돌리는 경우가 많습니다. 지금까지의 생활 중에서 그런 모습이 남아 있다면 한번 적어보십시오.

함께 기도하기

1. 공동체의 죄를 나의 죄로 느낄 수 있게 도와주소서.
2. 모든 것이 나에게서 시작됨을 고백하고 잘못을 회개합니다.

묵상의 글

세계 제2차 세계대전 후에 독일인과 교회들은 각자 자기들이 지은 죄에 대해서 깊이 뉘우치기 시작했습니다. 그들은 모두 진실된 마음으로 하나님께 회개했습니다. 또한 단순히 '하나님께 회개함'에 머무르지 않았습니다. 실질적으로 피해를 입고 상처를 받으며 아픔 속에 처한 유럽과 전세계의 형제들을 보면서 독일 교회는 이 참회를 공식적으로 해야겠다고 결정했습니다. 드디어 1945년 10월 18~19일 양일간에 걸쳐 독일 남부에 있는 슈투트가르트에 모든 복음 교회의 대표자들이 모여 공식적 참회선언을 하게 되었습니다.

"우리 독일 교회는 우리나라가 전세계에 고난을 불러일으킬 때 그 일을 함께 했습니다. 그러므로 그 잘못에 대해서도 연대 책임을 가지고 있는 것입니다. 우리 때문에 모든 국가와 국민에게 말할 수 없는 불행이 닥쳤다는 것은 아주 부끄럽고 마음 아픈 일입니다. 그래서 우리는 이제 모든 교회의 이름으로 우리의 잘못을 참회합니다. 사실 우리는 여러 해 동안 경악스럽게 나타난 국가 사회주의 정신의 표현들과 예수 그리스도의 이름으로 싸우긴 했었습니다. 하지만 실제로 우리는 더 용기 있게 고백하지 못했고,

더 충실히 기도하지 못했으며, 보다 신실한 신앙을 지니지도 못했고, 보다 열렬히 사랑하지 않았음을 고백합니다.

이제 우리 독일 교회는 오직 교회의 주인이신 예수 그리스도를 터로 삼아 그동안의 죄악과 불순종을 깨끗이 씻고 교회를 새롭게 정돈하여 성경적 기초 위에서 새 출발을 하겠습니다. 하나님의 은총과 자비로움으로 우리 교회가 하나님의 도구로 쓰이기를 원합니다. 또한 하나님의 전권을 위임받아 그분의 말씀을 선포하고 우리 자신과 온 민족이 하나님의 뜻에 복종하도록 하는 데 우리 독일 교회가 전세계의 다른 교회들과 진심으로 연합하게 됨을 큰 기쁨으로 생각합니다.

성령의 능력과 위로하심이 우리의 예배를 통하여 모든 세계에서 계속 임재하시기를 원합니다. 또한 평화와 사랑의 영의 통치가 이루어져서 그 통치 가운데서 고통 받는 인류가 치유받고 회복될 수 있기를 바랍니다. 언젠가는 완전한 세계의 새로운 시작이 올 것을 기원합니다. 창조의 영이여, 오소서!"

회개와 십자가

본문 말씀 : 마태복음 16:21-28

삶의 나눔

1. 다음의 보기 중에서 자기의 성격에 해당되는 것은 어느 것입니까? 우선순위 5개를 골라 보십시오.

보기

1. 명랑하다 2. 우울하다. 3. 침착하다 4. 깔끔하다 5. 게으른 편이다 6. 활발하다

7. 과격하다 8. 온순하다 9. 자신이 없다 10. 소극적이다 11. 잘 모르겠다

1)
2)
3)
4)
5)

2. 구체적으로 풀어서 이유를 말해보고, 함께 나누어 보십시오.

3. 느낀 점을 서로 이야기해 보십시오.

말씀의 살핌

저자

12제자 중에 한 사람이며 세관원 출신인 마태입니다. 그는 속기술을 (회계, 통계) 할 수 있었습니다. 때문에 예수님의 교훈을 완벽하게 기록할 수 있으리라 봅니다.

시대적 배경

본문은 마태복음 16:13-20을 먼저 읽어야 쉽게 이해할 수 있습니다. 특히 이 부분은 예수님의 메시야직에 대한 말씀의 한부분입니다. 예수님은 자신의 십자가의 비밀(고난. 죽음, 부활)을 제자들에게 구체적으로 말씀하지 않으셨다가 베드로가 신앙 고백을 한 후 십자가의 비밀을 직접적으로 말씀하십니다. 본문이 그 이후의 내용입니다.

주요내용

유대교로부터 개종한 이방인 신자를 교육하기 위해 쓰여졌습니다. 이 책은 예수의 가르침을 5부로 나누어 구성하고 있습니다. 본문의 22-23절은 속죄의 말씀, 24-28절은 제자직의 말씀입니다.

용어 설명

－간하여(22절): '책망한다' 는 뜻.

－인자(26절): '사람의 아들' 이란 뜻으로 예수 그리스도를 가리킴.

－찾으리라(25절): 영생을 찾으리라는 말임.

－넘어지게 하는 자(23절): 부딪치는 거침돌을 의미함.

1. 21절의 이때는 어느 때를 말합니까?(13-20)

2. 21절은 예수님의 수난에 대한 마태복음의 첫 예언입니다. 구체적인 예언의 내용을 3가지로 정리해보십시오.

1) _____

2) _____

3) _____

3. 수제자 베드로가 예수님께 큰 실수(죄)를 하는데 그 실수는 무엇이며 왜 그런 죄를 범하게 되었습니까?(22-23)

_____

_____

4. 예수님이 말씀하시는 회개는 곧 어떻게 하는 것을 말합니까?(24)

_____

_____

5. 목적 없는 회개는 진정한 회개가 아닙니다. 회개의 목적은 무엇입니까?(24)

_____

_____

6. 예수님이 하나님의 영광으로 이 세상에 재림하실 때 우리들 각자에게 행하시는 일은 무엇입니까?(27)

_____

_____

말씀의 깨달음

1. 베드로는 예수님께 큰 죄를 저질렀습니다. 그 때문에 예수님께 책망을 듣고 말았습니다. 결국 범죄한다는 것은 어떻게 함을 의미하는지 말해 보십시오.(참고, 약 4:17, 요일 3:4)

2. 자기 부인은 자기의 죄된 모습을 깨닫고 예수 그리스도에게만 구원을 찾고 죄에서 돌아서는 것을 말합니다. 자기 부인은 회개를 의미합니다. 그렇다면 회개와 영생과 십자가는 상호 어떤 관계가 있는지 말해 보십시오.(참고, 행 2:37-42)

3. 많은 사람이 계속 회개하면서도 참된 신앙의 길로 들어서지 못하고 죄의 길로 되돌아가며 반복해서 죄를 짓게 되는 경우가 많습니다. 그 이유는 무엇이라고 생각합니까?

말씀의 적용

회개는 분명한 목적이 있어야 합니다. 인간의 욕심과 정욕을 버리고 자기를 부인하는 것은 그리스도를 위해서입니다. 이것을 위하지 않고 자신의 영광을 위한 회개는 아무 의미가 없습니다. 그리고 이런 회개는 그 참된 의미를 상실하고 계속 거듭되는 회개에만 머물게 합니다. 참다운 회개는 십자가를 지는 결단을 동반합니다.

1. 오늘 나의 생활 중에 하나님의 뜻을 생각지 않고 사람의 일에 머물러서 행동한 일들이 있으면 각자 회개의 시간을 가지십시오.

_____

_____

2. 회개와 더불어 그리스도를 향한 나의 구체적인 결단의 모습을 말해 보십시오.

내가 져야 할 십자가	
가정	
교회	
이웃	

함께 기도하기

1. 여러 삶의 현장에서 나에게 주어진 십자가의 길을 잘 감당하게 하소서.
2. 하나님의 일을 생각하지 않고 나의 경험과 지식만으로 생활했던 것을 회개합니다.

묵상의 글

《그리스도를 본받아》의 저자인 토마스 아켐피스의 글에 이런 내용이 있습니다.

"그대가 나 이외의 어떤 것을 가지더라도 만족하지 못하듯이 그대가 자기 자신을 바치지 않았다면 내게 어떤 것을 바쳐도 나는 흡족하지 않을 것이다. 그대는 자신을 나에게 바치고 그대의 전부를 하나님께 드려라. 그러면 그대가 바치는 것이 받아들여지리라. 알다시피, 나는 그대를 위하여 내 전부를 나의 아버지께 바쳤고, 나의 살과 피를 전부 그대의 양식으로 주었으므로 나는 완전히 그대의 것이 될 수 있었고 그대도 언제까지나 나의 것이 될 수 있었다.

그러므로 그대가 자유와 은총을 얻고자 하면 하나님께 그대를 바치는 것이 무엇보다도 우선시 되어야 한다. 내적인 자유와 광명을 얻는 사람이 별로 없는 이유는 사람들이 자기 자신을 부인하기를 아주 싫어하기 때문이다. 내가 '너희 중에 누구든지 자기의 소유를 버리지 아니하면 능히 내 제자가 되지 못하리라' 고 한 말은 확고부동하다. 그러므로 그대가 나의 제자가 되고자 한다면 그대 자신을 진심으로 나에게 바쳐라."

예수님

예수는 '예수스'라는 헬라어에서 온 것으로 구약의 '여호수아'라는 이름의 헬라어 형태입니다.

이 이름은 2세기까지만 해도 일반적으로 널리 사용했습니다. 그러나 2세기 이후부터 예수라는 이름은 사라졌습니다. 그리고 이 이름은 역사상에 나타난 그리스도의 인간성을 나타내는 이름이 되었습니다. 그래서 신약 성경 기자들은 다른 이름과 구별하기 위하여 예수라는 이름 앞에 나사렛(마 21:11), 다윗의 자손(막 10:47-48)을 붙였습니다. 그리고 뒤에는 그리스도라는 문구를 덧붙여 사용하였습니다. 결국 예수 그리스도라는 이름은 '그의 백성을 죄에서 구원하신다'는 의미를 나타냅니다. 이에 따라 예수님은 이 세상의 역사에 있어서 중요한 그리고 빛나는 이름이 되었습니다. 예수님의 탄생을 기점으로 역사가 구분되었습니다. 예수의 이름이 전파될 때 흑암에서 빛으로, 절망에서 희망으로, 죽음에서 생명이 선포되어지고 아울러 그것이 삶의 현장 속에서 구체적으로 실현되는 역사가 일어났습니다. 사람의 아들, 인자, 그리스도, 구주, 주님, 하나님의 아들 등은 모두 예수님을 나타내는 단어로 중요한 의미를 지니고 있습니다.

그리스도의 칭호

─예수 : '자기 백성을 저희 죄에서 구원할 자'라는 뜻입니다.

─그리스도: '기름 부음 받은 자'라는 뜻으로 '구원자' 곧 '구주'라는 뜻입니다. 히브리어로는 메시야, 헬라어로는 그리스도입니다. 유다에서는 왕, 제사장, 선지자를 세울 때 기름을 부었는데, 이 직무는 엄격하게 분리되어 서

로의 영역을 침범할 수 없었습니다. 그러나 예수 그리스도는 이 세 직능을 모두 함께 가지고 있습니다.

―인자(人子): 인자라는 칭호가 그리스도에게 적용되는 것은 다니엘 7:14에 근거합니다. 인자라는 이름은 예수 그리스도를 가리켜 말할 때 가장 많이 사용했습니다. 이 칭호는 그리스도의 인성을 나타내고 있으며 가끔 예수님께서 자신의 고난과 죽음에 대해서 말씀하신 구절에서 사용되기도 합니다. 또 이 칭호는 그가 하늘나라의 영광 가운데서 구름을 타고 장차 재림하실 것에 대해서 명확하게 암시해 주는 이름이기도 합니다. 성경에 나오는 예수님을 이해하기 위해서는 다음과 같은 예수님을 의미하는 다른 이름에 대해서 알고 있어야 합니다.

―하나님의 아들(The Son of God)

이 칭호는 언제나 정확한 내용을 갖고 있는 것이 아닙니다.

1) 직위적 메시야적인 의미: 그리스도의 품성보다는 그의 직임을 묘사합니다.

2) 삼위일체적 의미: 삼위일체의 제2위가 되시는 그리스도를 지시하기 위해 사용합니다.

3) 탄생의 의미: 초자연적인 탄생으로 성령의 활동에 의해 탄생했음을 나타냅니다.

―주(The Lord)

부활하신 후 그에게 적용된 이름으로 교회의 주인이요 통치자라는 사실을 나타냅니다. 하나님의 독생자라는 의미는 주의 신성에 관한 증언을 의미합니다.

성경에서 소개하고 있는 예수 그리스도에 대한 증언을 정리하면 다음과 같습니다. 예수님은 이미 선재하신 분이십니다. 그리고 그분은 인간의 몸을 입고 세상에 오셨습니다. 그분은 인성과 신성을 동시에 가지신 분으로 참인간이요 참신입니다. 즉 온전한 하나님이시며 온전한 사람입니다. 그는 인간이셨기에 죽을 수 있었고 인성의 제한을 받으셨습니다. 반면 신이셨기에 죄를 용서하는 권세를 가지셨습니다. 죽은 자를 일으키시고 심판하는 권세를 가지셨습니다. 아울러 부활, 승천하심으로 하나님의 우편에 앉으신 영원한 주님이십니다.

예수님은 공생애 동안 말씀 전파, 수난당함, 십자가에서 죽으심, 부활, 승천하셨으며, 나중에 심판 주로서 재림하십니다. 주님은 하늘에 올라가셨지만 현재까지 우리의 삶에 간섭하여 사역하고 계십니다. 예수님은 여러 가지 비유로 소개되고 있습니다. 마지막 아담, 새로운 창조주, 머리와 지체, 목자와 양, 신랑과 신부, 포도나무와 가지, 대제사장 등입니다.

··· 나 침 반   열 기

어두운 죄로 가득한 세상에서 많은 사람들은 탈출하여 자유를 얻고자 합니다. 질병과 고통과 늙고 죽음이 교차되는 삶의 여정 속에서 인간은 이 문제를 해결하려고 부단히 노력합니다. 그러나 어디에서도 그 해답을 찾지 못하고 무력하게 무너집니다. 왜 이런 일이 인간에게 일어납니까? 그것은 인간의 모든 해결점의 중심인 예수님을 만나지 못했기 때문입니다. 이것을 해결하기 위해서 하나님은 예수님을 세상에 보내주셨습니다. 2000년 전에 실제 역사

속에 예수님이 오셨습니다. 그럼에도 그 예수님이 나와 관계를 맺지 못한다면 2000년 전에 오셔서 우리를 위해 십자가에 죽으신 사건은 아무 의미가 없습니다. 이런 면에서 예수님과 내가 관계를 맺는 일은 무엇보다도 중요한 과제입니다. 예수님과 나 사이에 일치가 이루어질 때 우리는 영생을 얻게 됩니다. 예수님이 가지신 생명을 소유하게 됩니다. 즉, 내가 사는 것이 아니고 내 안에 그리스도가 사는 것이 됩니다(갈 2:20).

종교개혁자 마틴 루터는 "나의 마음에 거하는 것은 루터가 아니고 오직 예수 그리스도이시다"라고 고백했습니다. 내 마음 안에 예수님을 진실되게 영접할 때 비로소 새 인생은 시작되고 새 생명을 얻게 됩니다. 나의 존재는 예수 안에 있을 때 그 가치가 빛납니다. 예수님은 곧 하나님이십니다. 예수님 안에 세상의 모든 것이 다 들어 있습니다. 오늘도 그분을 내 안에 충만하게 모셔 들이고 살아간다면 우리는 모든 것을 가진 것이 되고 세상에서 가장 행복한 사람이 될 것입니다.

예수 그는 누구인가?

본문 말씀 : 요한복음 5:19-29

삶의 나눔

1. 내가 평소에 예수님에 대해 알고 있거나 느끼고 있는 내용이
   나 단어 혹은 상징들을 모두 적어 보십시오.

2. 적은 것 중에서 나의 마음에 가장 와닿는 것 하나를 뽑아 그 이
   유를 말해 보십시오.

말씀의 살핌

도움의 글

저자: 사도 요한

기록 목적: 요한복음 20:31에 기록되어 있습니다.

요한복음의 특징

사복음서 중에서 단순하면서 깊은 내용을 담고 있고 교리적인 특징을
가지고 있습니다. 그리고 온 세상을 대상으로 기록하고 있습니다. 그
래서 독수리복음이라는 별명을 가지고 있습니다. 요한복음의 주제는

말씀입니다. 말씀이 육신이 되신 그리스도에 대해 깊이 생각하게 하는 책입니다. 특히 "나는 —이다"라는 선언이 많이 나옵니다.

본문의 배경

예수 그리스도의 신성에 대해 말하고 있습니다. 예수님은 자신이 성부이신 하나님과 특별한 관계를 가지고 있음을 말합니다. 이것은 복음서에서 예수님과 유대인들이 계속 충돌하게 만드는 요인이 되고 있습니다. 5~6장은 이런 충돌의 서곡에 대한 부분입니다.

용어 설명

—심판(24절): 정죄를 말합니다.

—죽은 자들(25절): 영으로 죽은 자들, 즉 믿지 않는 사람을 말합니다.

—살아나리라(25절): 중생함을 의미합니다.

—무덤 속에 있는 자(28절): 육신이 죽은, 즉 무덤 속에 있는 자들입니다.

—선한 일(29절): 도덕적인 선이 아닌 예수를 믿고 열매를 맺고 향기를 나타내는 것을 말합니다. 여기서 선한 일을 행한다는 것이 완전한 행함을 의미하지는 않습니다.

1. 본문에서는 하나님과 예수님을 서로 어떤 관계로 말하고 있습니까?

2. 예수님의 권위가 성부이신 하나님 아버지에게서 오는 것을 증명하는 4가지는 무엇입니까?(19, 20, 21, 22)

3. 하나님은 세상의 심판을 누구에게 위임하셨습니까?(22)

_____

4. 아들이신 예수님을 공경하지 않는 자는 결국 누구를 공경치 않는 것입니까?(23)

_____

5. 예수님을 믿을 때 우리는 어떤 축복을 받습니까?(24)

_____

6. 예수님은 스스로 무엇을 지니고 계십니까?(26)

_____

7. 예수님이 재림하실 때 부활은 두 가지로 나타나는데 그것은 무엇입니까?(29)

_____

말씀의 깨달음

1. 하나님과 예수님은 부자 관계 이상의 뜻을 가지고 있습니다.

아들이신 예수님이 하나님 아버지의 모든 것을 할 수 있다는 말은 결국 아들이신 예수님이 누구이심을 말해 주고 있습니까? 이것이 신앙생활에서 우리에게 주는 의미는 무엇입니까?

2. 하나님은 이 세상을 창조하셨고 지금도 인간의 역사를 진행하고 섭리하십니다. 마지막에 심판을 하나님이 하시지 않고 아들에게 전적으로 맡긴 이유는 무엇입니까?
(참고, 행 10:42, 17:31)

3. 심판을 받는다 함은 죄를 용서받지 못함으로 죄의 값을 받는 것을 말합니다(롬 6:23). 이렇게 보면 영생을 얻었다는 것은 죄용서함 받은 것을 말하고 심판에서 면제됨을 의미합니다(롬 8:1-2). 영생과 죄의 상관관계를 말해 보십시오.

말씀의 적용

1. 예수님은 나에게 있어 무엇이 되는지 각자 신앙고백을 말해 보십시오(신앙고백문을 만들어 보세요).

2. 구원은 영생이요 천국 가는 것입니다. 오늘 이 시간 정말 나는 구원 받았다는 확신이 있습니까? 각자 솔직한 고백을 해보십시오. 만약 확신이 없다면 그 이유는 무엇이라고 생각합니까?
심판의 주님이 오늘 이 자리에 오신다면 우리 공동체에 대해, 또 나에 대해 과연 무슨 말씀을 하실 것 같습니까?

3. 이 시간 나의 구원자이신 예수님을 얼마나 진실되게 믿고 따르는지 예수를 믿는 결과로 나타나는 열매를 통해 스스로 점검해보십시오.

구분	현재 나타나고 있는 선한 열매	앞으로 나타나야 한다고 생각하는 열매들
가정에서		
교회에서		
이웃에서		

> **함께 기도하기**
>
> 1. 나를 구원해 주신 하나님께 감사를 드립니다.
> 2. 사람이나 보이는 것을 따르기보다는 예수님을 진실되게 믿게 해주십시오.

묵상의 글

많은 사람이 모인 어떤 모임에서 목사님이 일어나 이렇게 말했습니다.

"여러분 나에게 솔직히 말해 주세요. 여러분이 기독교에 대해서 가지고 있는 모든 의심이나 반감을 털어 놓고 이야기해 주십시오."

그러자 한 사람이 말했습니다.

"교회의 신자들은 모순된 생활을 하고 있습니다. 말과 행동이 같지 않습니다."

이어서 다른 사람이 말했습니다.

"목사님이 마땅히 취해야 할 태도를 취하지 못하고 있습니다. 그들은 사명에 충실하지 못합니다."

또 다른 사람이 말했습니다

"교회 안에는 위선자들이 너무나 많습니다."

이렇게 하여 열 가지의 반론이 제기되었습니다. 그때 목사님이 일어나 말했습니다.

"지금까지 여러분이 말씀하신 것은 사실입니다. 그러나 여러분 말씀 가운데 한 가지 느낀 점이 있습니다. 그것은 다름이 아니라 여러분 모두가 예수 그리스도에 대해서는 한 마디 이의도 제기할 수 없을 것이라는 점입니다. 예수님께서는 잘못되거나 그릇된 점이 하나도 없습니다. 하나님의 아들이신 그분은 완전한 분이십니다. 우리가 믿고 바라보아야 할 분은 오직 예수 그리스도밖에 없습니다."

05

죽음을 통한 사랑

본문 말씀 : 로마서 5:1-11

삶의 나눔

1. 다음 그림을 이어서 하나의 이야기로 꾸며 각자 말해 보십시오.

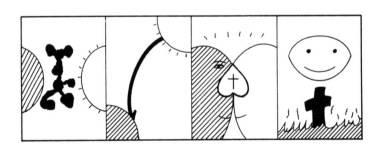

—나의 이야기

말씀의 살핌

저자: 바울

시대적 배경

짜임새가 훌륭하고 믿음으로 얻는 의에 대한 교리를 조직적으로 말하고 있습니다. 하나님의 의는 이 서신서의 주제입니다. 이 서신은 로마 교회 방문의 길을 열어주기 위해서 쓴 것입니다(롬 15:14-17).

본문의 배경

본문은 칭의가 추상적인 교리가 아니라 삶과 밀접한 관련이 있는 축복의 근원으로서 의로움을 말한다고 설파하고 있습니다. 칭의는 내가 그리스도 안에서 의로워지는 인격적인 사건입니다. 그리고 이것은 온전히 하나님의 은혜로 주어지는 하나님의 선포입니다.

용어 설명

─화평(1절): 하나님과 화목할 때 오는 마음의 평안함입니다.

─의인, 선인(7절): 의인은 율법을 지키는 자로서 다른 사람에게 존경을 받는 사람입니다. 선인은 사랑을 행하는 자로서 다른 사람에게 사랑을 받는 자를 의미합니다. 이 둘은 함께 사용되며, 말씀과 함께 사용되어야 합니다.

─화목(11절): 변화된 새로운 피조물과 관련을 갖는 것으로 우리의 죄를 담당하신 예수 그리스도를 통해 우리는 하나님과 화목한 관계가 되었습니다.

1. 본문 중에 같은 단어가 2번 이상 나오는 단어와 횟수를 말해 보십시오.

2. 위에서 찾은 단어를 중심으로 본문의 주제를 간단히 요약해 보십시오.

_____

_____

3. 우리는 하나님으로부터 무엇을 통하여 의롭다 하심을 받았습니까?(1, 9)

_____

4. 누구로 말미암아 하나님의 영광과 은혜 속에 들어가 하나님과 함께 즐거워합니까?(2)

_____

5. 그리스도인은 왜 환란 중에도 기뻐해야 합니까?(3-4)

_____

6. 예수님은 어떤 사람들을 위해 죽으셨습니까?(6)

_____

7. 하나님은 우리 인간들에 대한 자기의 깊은 사랑을 어떻게 확증하셨습니까?(8-9)

_____

8. 하나님과 원수된 인간이 무엇으로 하나님과 화목하게 되었습니까?(10-11)

_____

9. 예수 그리스도로 말미암아 우리에게 주어지는 은혜는 어떤 것들이 있는지 말해 보십시오(1-2, 9-11).

1)

2)

3)

4)

말씀의 깨달음

1. 예수를 믿음으로 의롭다 하심을 얻었다 하는 것은 구체적으로 어떤 뜻이 포함되어 있습니까?(1, 9) (참고, 롬 5:18; 갈 5:20-23; 고전 6:11)

2. 하나님의 소망을 바라보며 즐거움을 누리는 화평의 삶은 하루 아침에 이루어지는 것이 아닙니다. 이러한 축복은 무엇을 통해 이루어지며 왜 이런 것이 필요합니까?(참고, 고후 5:20-21)

3. 우리는 예수님의 죽으심을 통해 하나님의 구체적인 사랑을 느낄 수 있습니다. 이것은 우리에게 있어 하나님은 어떤 분이시며 또한 우리는 하나님에게 어떤 존재임을 알게 합니까?(참고, 요일 4:7-11)

말씀의 적용

1. 나는 정말 예수님을 믿음으로 하나님의 축복을 누리고 있다고 생각합니까? 자신을 솔직하게 살펴 보십시오.

질문	대답(예, 아니요, 모름)	이유
나는 마음이 화평한가?		
지금 당하는 고난이 부끄러운가?		
하나님이 내 안에 있음을 느끼는가?		
죄의식이 있는가?		
죄에 대한 두려움이 있는가?		
나는 하나님의 사랑에 민감한가?		
하나님을 느끼고 사는가?		

2. 하나님은 자기 아들을 인간에게 줌으로 자신의 사랑을 구체적으로 보여주셨습니다. 나에게 베풀어 주신 하나님의 크신 사랑에 대해 일주일 동안 나의 실천 사항을 말해 보십시오.

함께 기도하기

1. 그리스도께서 죽으신 그 뜻을 매일의 삶 속에서 나타내게 하소서.
2. 은혜 받은 자로서 삶을 살게 하소서.

묵상의 글

어떤 그리스도인이 한 농가에서 하숙을 하고 있었습니다. 집 주
인은 그리스도인이 아니었습니다. 그래서 이 사람은 언젠가 십
자가 위에서 죽으신 그리스도를 주인에게 증거할 기회를 기다리
고 있었습니다. 어느날 아침 농장 주인이 달려와 그에게 닭장으
로 가보자고 했습니다. 둥지에 암탉 한 마리가 앉아 있었는데 그
날개 밑에서 새끼 병아리들이 삐죽삐죽 밖을 살피고 있었습니
다. 농장 주인은 암탉을 만져 보라고 했고 이 사람은 주인의 말대
로 암탉을 만져 보고 죽어 있는 것을 알았습니다. 농장 주인은 말
했습니다.

"머리에 난 상처를 보십시오. 간밤에 족제비가 피를 빨아 먹었던
모양입니다. 하지만 어린 새끼들이 족제비에게 다칠까봐 꼼짝도
하지 않고 가만히 있었던 거죠."

이때 그리스도인이 말했습니다.

"선생님, 이것은 바로 그리스도의 모습과도 같습니다. 그리스도
께서는 십자가 위에서 그 모든 고통을 견디셨습니다. 움직일 수
도 있었고 목숨을 구할 수도 있었습니다. 그러나 만약 그가 움직
였다면 선생님과 나는 죽게 되었을 것입니다."

농장 주인은 이 말의 뜻을 깨닫고 얼마 되지 않아 그리스도를 구
주로 영접했습니다.

오직 한 길

본문 말씀 : 요한복음 14:1-14

삶의 나눔

1. 가~카 중에서 하나를 선택하여 각자 계속 줄을 따라 앞으로 전진하여 마지막에 이르는 번호대로 행동하십시오.

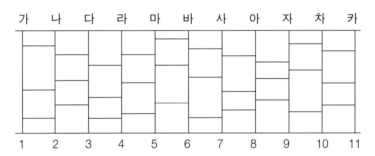

- −1-2번: 모두에게 인사한다.
- −3-4번: 노래 한 곡 한다.
- −5-6번: 다음 시간에 음료수를 제공한다.
- −7-8번: 다음 시간에 다과를 제공한다.
- −9-10번: 성경공부 끝난 후에 청소를 한다.
- −11번: 오늘의 주인공(이 사람을 위해 박수를 친다)

2. 마친 후에 각자의 느낌을 이야기해 보십시오.

말씀의 살핌

본문의 배경

요한복음 14장은 예수님이 제자들에게 이 세상을 곧 떠날 것을 암시하면서(십자가의 죽음) 제자들을 위로하시는 말씀 중 하나입니다.

용어 설명

—처소(2절) : 영원히 거하는 장소

—내가 다시 와서(3절) : 그리스도의 재림을 말함

—도마(5절): 예수님의 제자로서 의심이 많았으나 나중에 위대한 신앙 고백을 합니다.

---

1. 본문에서 제자들이 두 사람 나오는데 그들은 누구이며 또 그 질문은 어떤 내용입니까?(5, 8)

2. 우리들은 마음에 근심할 때가 많은데 그 이유는 무엇입니까?(1)

3. 우리들의 영원한 처소는 어디이며, 그것은 누가 예비해 두셨습니까?(2-3)

4. 예수님은 자신에 대해 무엇이라 말씀하셨습니까?(6)

5. 하나님 아버지께로 갈 수 있는 오직 한 길은 무엇입니까?(6)

6. 하나님 아버지를 보여 달라는 빌립의 말에 예수님은 무엇이라 말씀하셨습니까?(9-11)

7. 어떻게 할 때 하나님의 일을 할 수 있습니까?(12)

8. 하나님은 어떻게 하실 때 자신의 일을 시행하십니까? 그 이유 는 무엇입니까?(13-14)

말씀의 깨달음

1. 우리들은 대부분 생활의 염려와 근심에서 벗어나지 못하고 있 습니다. 겉보기에는 평안한 것 같아도 생활 깊숙이 들어가면 문 제를 해결하지 못하고 살아갑니다. 본문의 말씀대로 두 가지 질 문에 대한 확실한 믿음이 없기 때문입니다. 1) 주여 어디로 가시 나이까? 2) 하나님을 우리에게 보여 주소서. 이것을 통해 우리의

믿음은 어떤 믿음이 되어야 한다고 생각합니까?

2. 예수님은 자신만이 오직 하나님께로 가는 길임을 여러 번 말씀하셨습니다.(요 8:19, 10:1, 7, 9, 37, 12:26, 44)
그러나 제자들은 그 뜻을 알지 못했습니다. 예수님은 자신이 하나님에게 가는 길임을 말씀하셨는데 그것은 길을 가르쳐 주는 자가 아닌 자신이 곧 길의 본체임을 말하는 것입니다. 이런 의미에서 "길이요 진리요 생명이라"는 말씀에는 어떤 뜻이 담겨 있는지 구체적인 예를 들어 설명해 보십시오.(참고, 행 4:12; 엡 4:21; 요 1:4; 요일 5:12)

3. 우리는 하나님을 확실하게 알기 원하고 또 보기 원합니다. 그러나 영이신 하나님을 알고 본다는 것은 대단히 힘듭니다. 이 세상에는 잘못된 방법으로 하나님께 나가려 하는 사람이 많습니다. 그렇기에 어떤 이들은 이단으로 빠져 혼란의 길을 가고 있는 경우를 볼 수 있습니다. 성경이 가르쳐 주는 하나님을 확실하게 알고 볼 수 있는 길은 무엇입니까? 그리고 이단들이 하나님을 올바르게 보는 데 실패함으로 잘못된 길로 들어서는데 그 이유는 무엇이라 생각합니까?(참고, 골 1:15; 히 1:3)

말씀의 적용

06

1. 현재 나의 생활 중에서 자유롭게 못하거나 거침돌이 되게 하는 근심되는 일이 있으면 열거해 보고 그 해결책을 이야기해 보십시오.

2. 나의 인생이 길과 진리요 생명이신 예수님께 향하여 있는지 말해 보십시오. 오늘 하루의 일과를 통해 세상이나 나 자신을 위한 시간은 어떤 시간이었으며 예수님을 위한 시간은 어떤 시간이었는지 살펴보면서 이야기해 보십시오.

3. "하나님을 본 적이 있습니까?"라는 질문이 주어졌다면 나는 뭐라고 대답하겠습니까?

함께 기도하기

1. 길과 진리요 생명이신 그 길을 온전히 따르게 하소서.
2. 나의 인생의 목표를 오직 주님께 맞추게 하소서!

사랑의 길

오직
그 길만이
우리를 위한 길이었기에
그 높은 보좌를
버리시고
천대와 멸시가 가득 찬
차가운 이곳을
기꺼이 택하신 놀라운 사랑이여!

모든 것을 감싸 버린
해맑은 사랑의 위력 속에
교만에 떨며 큰 눈을 굴리는
위세 있는 함성은

어느새인가
무력하게 숨어 버렸고
던져진 몸의 처절한
그 현장 속에 확연히 빛나는
그 길은
죽음으로만 치러지는
사랑의 길이어라

오직
그 길만이
우리를 위한 길이었기에
스스로 택하신
사랑의 길이러라

—이대희

성령님

원어의 뜻: 성령은 '퓨뉴마'로 바람, 호흡, 생명, 성령의 의미를 담고 있습니다.

성령의 나타나심의 시대적 특징

	구약 시대	신약 시대
대상	선지자, 제사장, 왕	믿는 모든 사람에게
특징	특수하다	보편적이다
시기	일시적(삼상 16:14)	영원함(요 14:16)
	1. 이스라엘 영웅들의 특별한 능력 2. 선지자의 예언 능력 3. 지혜와 재질의 능력 4. 도덕적 능력과 영적 능력	1. 공관복음: 예수님의 사역에 힘을 더해주는 분으로서 인격적으로 하나님과 활동하심. 2. 요한복음: 진리의 영(인도, 가르침, 생각나게 함, 심판, 책망) 3. 사도행전: 역사의 무대 위에서 역사하시는 것을 증거함. 4. 바울서신: 신령한 은사를 나누어 줌. 믿는 자의 생활 가운데 역사, 교회 안에서 활약하고 하나님의 나라를 건설하는 데 목적.

—성령의 별명

성령은 다양한 별명을 가지고 있습니다. 즉 내 영, 하나님의 영, 주의 영, 전능자의 입김, 그리스도의 영, 주 하나님의 영, 너희 아버지의 영, 그 아들의 영입니다.

—성령의 신적인 면

전지, 편재, 전능, 거룩, 진리, 지혜, 생명 등입니다.

지성(고전 2:10), 감정(엡 4:30), 의지(고전 12:11)를 가지고 계십니다. 뜻, 생각, 지식을 관장하시고 내 안에 거주하십니다.

나를 가르치시고 보호하시고 증거하십니다. 확신시키고, 인도하시며 말씀 하십니다. 감동을 주시고 보내시고 금하는 일을 하십니다.

─성령의 역사

창조에 관여하시고 예수님의 지상 생애에 있어 탄생부터 부활 승천까지 도 우십니다.

─신자에게 있어서 성령의 사역

구원의 일	성결의 일
성령세례(막 1:8, 고전 12:3)	성령 충만(엡 5:17)
인침(엡 1:13)	동행(갈 5:16-17)
내재함(요 10:7)	성령의 9가지 열매(갈 5:22)
믿는 순간에 일어남	계속적인 노력으로
한 번 받음	반복적으로
무의식적	의식적으로
이미 달성한 것	계속 진보되며 죽음의 날에 완성

─성령의 계시방법

꿈, 말, 환상, 글, 기적과 표적, 자연, 그리스도를 통하여.

─성령의 모형

입는 것(눅 24:49), 비둘기(마 3:16), 불 같은 혀(행 2:3), 기름(눅 4:18), 바람 (요 3:8), 인(고후 1:22), 물(요 4:14) 등으로 묘사합니다.

많은 사람들이 성령님에 대해 잘못 이해하는 경향이 있습니다. 우리는 성경이 성령님에 대해 어떻게 말씀하시는지 제대로 이해하고 신앙생활을 해야 합니다. 그렇지 못하면 미신적인 영이라고 잘못 이해할 수 있습니다.

성령님은 영이십니다. 성령님은 인격입니다. 성령님은 사람들의 눈에 보이지 않기 때문에 자칫 물체나 에너지처럼 생각하기 쉽습니다. 그러나 성령님은 눈에 보이지 않고 만질 수 없지만 인격의 영입니다. 감동을 주고 깨닫게 하고 책망하고 가르치고 참고 인내하는 그런 영입니다. 에너지와 같은 영은 이런 감동과 인격적인 성품이 없습니다. 성령을 물건처럼 생각하다 보니 마치 내가 소유하고 내가 사용하는 것처럼 생각합니다만 실제로 성령님은 그런 존재가 아닙니다. 경험이나 내려오는 문화전통에 근거해서 성령님을 이해하면 안 됩니다. 성경을 통해 계시된 성령님을 만나야 합니다. 특히 한국인들은 무당과 샤머니즘과 같은 영이해를 기본적으로 가지고 있기에 자칫 하면 성령을 그렇게 오해할 수 있습니다. 마치 무당이 신을 받아 누구에게 나누어 주고 하는 것처럼 생각하는 것을 조심해야 합니다.

성령은 한마디로 그리스도의 영입니다. 오직 그리스도를 위한 영으로 그리스도의 사역, 말씀과 관계 있습니다. 예수님이 오시리라고 약속하신 성령님은 그리스도와 떨어져 독자적으로 활동하시지 않습니다. 본문을 통해 성령님에 대해 바르게 이해하는 시간을 가지길 바랍니다.

07

내주하시는 성령

본문 말씀 : 요한복음 14:16-31

삶의 나눔

1. 다음의 활동을 통해 서로 신뢰하며 하나됨을 경험하게 합니다.

—준비물: 눈가리개, 장애물(의자, 탁자 등 주변환경을 이용한다)

—진행방법

  1) 둘씩 자연스럽게 짝을 짓게 한다.(짝짓기, 번호표 등을 통해)

  2) 한 명은 눈가리개를 하고 장님이 되게 한다. 그리고 다른 한 명은 안내자가 되게 한다.

  3) 말은 하지 말고 안내자의 인도에 따라 주위를 1~3바퀴 돈다.

  4) 이때 안내자는 장님의 손을 인도하고 장님은 장애물을 신경 쓰지 않고 지나가도록 한다.

  5) 장님이 완전히 인도자를 믿지 않으면 상당히 불안을 느끼고, 믿으면 그만큼 편안함을 느낀다.(다치지 않을 정도의 장애물을 통과하게 한다.)

  6) 서로 보이지 않는 무언의 대화를 하도록 한다.

2. 내주하시는 성령님과 어느 정도 대화를 하는지 말해 보십시오.

07 말씀의 살핌

도움의 글

본문의 배경

본문은 영적인 교제 생활을 말하는데 여기서 영적인 생활이란 성령의 내주하심과(15-17), 성자의 내주하심(18-21), 성부의 내주하심(22-24)으로 이루어집니다. 특히 본문에서는 성령의 사역과 성령의 약속이 삼위일체 속에서 나타남을 말하고 있습니다.

용어 설명

-보혜사(16): 성령을 가리키는 말로서 헬라어 '파라' (곁에)+ '클레토스' (부른다)의 복합어입니다. 꼭 도움을 받기 위해 곁으로 부름을 받은 자란 뜻입니다. 이 낱말은 위로자(14:16), 대언자, 중보자(요일 2:1), 상담자 등과 같은 뜻으로 사용됩니다.

-진리의 영(17): 진리의 영이란 그에게서 진리가 나오고 그만이 하나님의 모든 진리를 향해 인도하심을 말합니다(요 15:26).

-그날(20): 오순절 성령강림날을 말합니다.

-나의 계명(21): 이미 예수님이 말씀하신 새 계명을 말합니다(요 13:34).

-유다(22): '유다' 는 유대인 사회에서 많이 통용되던 이름입니다. 신약 성경만 해도 7명 정도의 유다가 나옵니다(눅 3:30; 마 13:55; 행 5:37, 9:11, 15:22).

-일(29): 예수님의 십자가, 죽음, 부활, 승천을 말합니다.

-세상 임금(30): 사단을 말합니다.

1. 예수님이 하나님 아버지께 구한 것은 무엇입니까?(16)

2. 성령님은 어디에 거하십니까? 그리고 그분은 어느 때까지 거하십니까?(16-17)

3. 삼위일체 하나님이란 성부 하나님, 성자 하나님, 성령 하나님을 의미합니다. 본문에서 성부 하나님과 성자 하나님의 일체성을 말해주는 단어와 구절을 찾아보십시오.(20-24)

4. 우리가 주님을 사랑하는 자임을 확인할 수 있는 증거는 무엇입니까? 그리고 주님을 사랑하는 자에게 주시는 복은 무엇입니까?(21, 24, 23)

5. 예수님의 말씀은 곧 누구의 말씀입니까?(24)

6. 성령님은 여러 가지 일을 하십니다. 본문에 나타난 성령님의 사역은 무엇입니까?(26)

7. 평안한 마음은 누구나 원하는 소원입니다. 사람들은 이것을 찾으려고 여기저기 쫓아다니며 애를 씁니다. 주님이 주시는 평안과 세상이 주는 평안이 서로 다른 점이 무엇입니까?(27)

8. 예수님께서는 왜 성령님에 대한 약속을 미리 제자들에게 말씀하셨습니까?(28-31)

말씀의 깨달음

1. 예수를 영접한 그리스도인에게는 이미 성령님이 들어와 계십니다. 그럼에도 성령님의 내주하심을 알지 못하는 경우가 많습니다. 그 이유는 무엇이라고 생각합니까?(참고, 요 14:6, 15:26-27; 고전 12:3)

2. 우리를 고아와 같이 버려두지 않는다는(18) 뜻과 내가 갔다가 다시 너희에게 온다는 의미는 무엇을 말합니까?(참고, 마 28:20; 요 15:15, 16:5-7)

3. 예수님이 인격적인 분이셨듯이 성령님도 우리와 함께 교제를 가지시는 인격적인 분이십니다. 예수님과의 관계 속에서 성령님의 인격적인 부분을 구체적인 예를 들어 설명해보십시오.(참고, 요 16:8-15)

말씀의 적용

1. 흔히 성령님을 말할 때 물체나 미신적인 것으로 오해를 하는 경우가 많습니다. 성령님을 이해하는 데 있어 비인격적인 부분으로 잘못 이해하는 것이 있으면 서로 이야기해 보십시오.

2. 그리스도인은 성령 안에서 성령의 인도하심 속에 살아가는 삶을 살아야 합니다. 지난 일주일간 성령님이 함께 하셨던 경험이 있으면 말해 보십시오. 아울러 성령님과 함께하는 평안함을 어느 정도 느끼고 있는지 최근의 생활 속에서 체험한 것을 이야기

해 보십시오.

07

3. 나를 통해 하나님의 사랑과 성령의 능력을 나타나게 하려면 나는 어떤 일을 해야 합니까? 그중에서 이번 주간에 실천해야겠다고 생각하는 것은 무엇인지 말해 보십시오.

함께 기도하기

1. 아바 아버지라 부를 수 있는 특권을 주신 하나님께 감사합니다.
2. 성령의 임재를 체험하면서 살아가게 하소서.

묵상의 글

우리 안에 계신 성령의 임재하심은 우리와 하나님과의 관계에 속한 일입니다. 이는 놀라운 일입니다. 우리 안에 계신 성령의 임재는 우리로 하여금 우리들의 아들됨을 상기시켜 줍니다. 그것은 우리들이 성인이 되어가는 아들됨의 권리가 있음을 의미합니다. 우리들은 어린아이가 아닙니다. 우리는 우리들의 모든 기능을 가지고 있다는 의미에서 아들들입니다. 그것은 우리들이 그리스도인의 삶을 사는 것은 하나님을 기쁘게 하는 것임을 알게 합니다. 하나님은 우리들의 아버지입니다. "양자의 영을 받아 아바 아버지라고 부르게 하는지라." 노예는 "아바"라고 부르는 것이 허락되지 않았습니다. 노예 정신은 하나님을 아버지라 여기지 못합니다. 그는 하나님이 아버지이심을 인식하지 못합니다. 그리스도인들은 믿음으로 하나님이 우리 아버지라는 사실을 인식하는 법을 배워야 합니다. "우리의 아버지……." 이 말을 여러 번 되풀이해 보십시오. 그리고 천천히 경외하는 마음으로 되뇌어 보면서 조용히 묵상해 보십시오.

―로이드 존스

성령을 따라 살자

본문 말씀 : 로마서 8:1-11

삶의 나눔

1. 지난 한주간의 생활 가운데 영에 속한 일이라고 생각한 것 다섯 가지와 육에 속한다고 생각되는 것 다섯 가지를 적어 보십시오.

영에 속한 일	육에 속한 일
1	
2	
3	
4	
5	

2. 위의 내용을 각자 돌아가면서 나누어 보고 특별히 이야기하고 픈 내용이나 간증을 말해 보십시오.

말씀의 살핌

로마 교회의 배경

로마 교회는 대부분 이방인으로 구성되었습니다. 이 교회는 세계의 중심지에 위치한 교회로 그 비중이 컸습니다. 로마 교회는 바울이 3차 전도 여행을 하는 종점인 교회로서, 바울은 로마 전도를 위해 미리 로마 교회에 편지를 보냈습니다. 아마 고린도에서 겨울을 나면서(행 20:3) 3개월 동안 기다리는 중에 기록했다고 볼 수 있습니다.

본문의 배경

사람들은 "성서를 한 개의 지환으로 본다면 로마서는 그 보석이고 8장은 그 반짝이는 첨단이다"라고 흔히 말합니다. 7장은 율법적 생활의 고민을 묘사하고 있습니다. 본문은 이런 율법적인 갈등의 세계를 탈출하여 새로운 성령의 길을 묘사하고 있습니다. 그것은 죄의 권세로부터 자유를 얻었음을 의미합니다.

용어 해설

─정죄함(1): 심판의 결과로서 오는 단죄입니다.

─영(5): 하나님이 사람을 위하고 사람이 하나님을 위한 영원한 결정으로서 성령을 의미합니다.

─거하시면(9): 신자 속에 내주하시는 것으로 일시적이 아닌 영원히 거함을 의미합니다. 구약 시대에는 특수한 자에게만 임하셨으나 신약에서는 하나님의 자녀 모두에게 임하신 것을 알 수 있습니다.

─몸의 행실을 죽임(13): 금욕 생활을 의미하는 것이 아니라 육욕을 따르는 생활을 절제하며 성령의 뜻을 따라 사는 성령의 생활원리를 말합니다.

─양자(15): 양자 제도는 고대 히브리, 그리스, 로마에서 널리 시행되어 온 것으로 양자가 되면 낳은 부모와는 관계가 끊어지며 양부의

가정에 속하고 아울러 그 가정의 가산, 빚, 사회적 모든 지위까지 상속받습니다.

—아바(15): 아버지를 의미하는 아람어입니다. 당시 노예들은 상전에게 "아바 아버지"라고 부르는 것이 금지되었습니다.

—후사(17) : 아버지의 유업을 차지하는 자로서 유대에서는 장자가 다른 아들보다 갑절의 유업을 차지합니다. 그러나 로마법은 양자나 친자나 모든 자녀는 평등한 후사가 됩니다.

1. 하나님에게 정죄함을 받지 않는 사람은 어떤 사람입니까? 그 이유는 무엇입니까?(1-2)

2. 다음에 나타난 사람의 특징을 말해 보십시오.

구분	절	육신을 좇는 자	영을 좇는 자
생각	5		
결과	6		
하나님과 관계	7-8		
	14-15		

3. 어떤 사람이 그리스도의 사람입니까?(9)

4. 예수 그리스도가 우리 안에 계심으로 인해 우리의 영과 육은 어떻게 됩니까?(10-11)

5. 왜 우리는 육신대로 살면 안 됩니까?(12)

6. 세상의 삶을 살다 보면 육신대로 살아가기가 쉽습니다. 그러나 육신대로 살다 보면 영혼이 죽게 됩니다. 그렇다면 영혼을 살릴 수 있는 길은 무엇입니까?(13)

7. 하나님의 아들은 곧 어떤 사람을 말합니까?(14)

8. 그리스도와 함께 후사인 그리스도인들은 어떤 것도 함께 견디어야 합니까?(17)

말씀의 깨달음

1. 죄에서 해방되었다 함은 결국 어떤 의미인지 그리스도와의 관계 속에서 이야기해 보십시오.(참고, 롬 7:1, 6; 요 8:36)

2. 그리스도의 영은 하나님의 영과 같은 말로 성령을 의미합니다. 이런 의미에서 하나님의 영, 그리스도의 영, 성령이란 말은 서로 동의어임을 알 수 있습니다. 그렇다면 성령을 받는 것과 그리스도를 구주로 영접하는 것은 서로 어떤 관계가 있는지 말해 보십시오.(고전 12:3; 롬 1: 15-16)

3. 하나님을 아바 아버지라 부르고, 하나님의 아들 된 사람은 하나님의 영으로 인도함을 받는 사람입니다. 즉 성령을 따라 사는 사람입니다. 우리들은 하나님의 인도하심을 받을 때 어떤 모습으로 인도함을 받습니까?

말씀의 적용

1. 나는 그리스도 안에 있고 아울러 그리스도의 영을 소유한 그리스도인임을 확신합니까? 확신한다면 무엇을 통해 알 수 있습니까?

_____

_____

2. 현재까지 살아온 생활 중에 육신에 속한 일이나 생각들이 계속 남아 있다면 생각나는 대로 적어 보고 그 치유책을 말해 보십시오.

육신의 일과 생각	치유책

3. 내가 끊임없이 하나님의 영의 인도함을 받으려면(성령을 따라 살려면) 어떤 생활을 해야 한다고 생각합니까? 생활 실천 사항을 말해 보면서 결단해 보십시오.

_____

함께 기도하기

1. 성령님께 순종하는 생활을 하게 하소서.
2. 육의 일에 빠지지 않게 하소서.

묵상의 글

카우만의 "산정을 향하여" 에 나오는 내용입니다.

아라비아 사막에 한 안내인이 있었습니다. 그는 지금까지 결
코 길 잃은 일이 없는 것으로 알려져 있습니다. 사람들은 그
를 "비둘기 사람" 이라고 부르고 있습니다.
그는 가슴에 한 마리의 비둘기를 안고 다니는데 아주 아름다
운 끈을 이어 그 끝을 자기 팔에 매고 있습니다. 어느 길로 가
야 할지에 대해 조금이라도 의심이 생길 때에는 비둘기를 공
중으로 날려 봅니다. 비둘기는 곧 끈을 당겨 집 쪽으로 날아
가려 합니다. 이같이 하여 주인을 그릇되지 않게 인도하는
것입니다. 그러므로 사람들은 그 안내인을 "비둘기의 사람"
이라고 부릅니다.

만약 우리들이 하늘의 비둘기인 성령이 하는 대로 맡기면 그분은
기꺼이 우리들을 인도해 주실 것입니다.

성령의 열매

09

본문 말씀 : 갈라디아서 5:16-26

삶의 나눔

1. 성령의 열매를 묵상하면서 다음 사행시를 지어보고 서로 돌아가면서 발표해 보십시오.

성

령

열

매

말씀의 살핌

09

저자: 사도 바울

본서의 특징

갈라디아서는 기독교 자유의 대헌장이라고 불릴 만큼 그리스도인의 자유에 대해서 잘 말해 주고 있습니다. 아울러 종교 개혁자였던 루터로 하여금 믿음으로 구원을 받는다는 진리를 발견하게 해준 책이기도 합니다.

특별히 본서는 그 성격이 뚜렷합니다. 일반적인 특징을 살펴보면 다음과 같습니다.

① 전투적이며 반박하는 내용이 많습니다.

② 바울의 자서전과도 같은 책입니다(갈 1:8).

③ 로마서와 유사한 점이 많습니다. 소 로마서라고 불리는 중심적인 사상이 로마서와 일치합니다. 그러나 그 체제는 대조적입니다. 아울러 고린도후서와 유사한 성격을 띠고 있습니다. 예를 들면 사도권에 대한 변명, 자신의 과거 언급, 그리스도의 속죄 등입니다.

본문의 배경

믿음으로 말미암아 구원을 얻은 자는 곧 성령 안에서 살아야 합니다. 특히 육체의 길과 성령의 길을 대조시키면서 성령 안에서 사는 삶을 말해 주고 있습니다. 구원의 은혜에서 한 걸음 더 나아가 그리스도인의 성결의 삶을 제시해 주고 있습니다. 다시 말하면 성령에 의한 성화로서 그리스도인의 자유를 신자들의 생활에 직접 적용하고 있습니다.

용어 해설

―투기(21): 남이 가진 것을 **빼앗으려는** 것을 말합니다. 이와 비슷한 것으로 시기가 있는데 이것은 남을 멀리 하려는 욕망을 말합니다.

―성령의 열매(22): 복수가 아닌 단수입니다. 이것은 한 성령 안에서

역사하는 것을 말합니다. 성령의 열매를 다음과 같이 세 가지로 구분하여 설명할 수 있습니다.

하나님과 관계되는 것	이웃과 관계되는 것	자신과 관계되는 것
사랑, 희락, 화평	오래 참음, 자비, 양선, 충성, 온유	절제
근본적인 것	대인관계	개인적인 것

—자비: 선의 뜻을 가진 단어로 남에 대해 부드럽고 친절한 행동을 말합니다.

—양선: 자비보다 능동적이고 적극적인 선을 말합니다.

—충성: 신실하다, 최선을 다하다, 믿음 등의 뜻을 가집니다.

1. 본문의 내용을 구분하여 보면 네 가지로 나눌 수 있습니다. 각각 그 제목을 정해 보십시오.

절	16-18절	19-21절	22-24절	25-26절
제목				

2. 성령 안에서 사는 생활을 나타내는 동사 세 가지를 찾아보십시오(16, 18, 25).

3. 율법은 육체에 속한 생활입니다. 육체의 욕심을 따라 살지 않으려면 어떤 삶을 살아야 하는지 말해 보십시오(16, 18).

4. 육체의 일과 성령의 열매는 어떤 것들이 있는지 그 목록을 열거해 보십시오(19-23).

육체의 일(15가지)	성령의 열매(9가지)

5. 위의 육체의 일인 죄 목록 중에서 다시 세분하여 네 가지로 구분하여 보십시오.

구분	내용
성적인 것(남과 같이 범죄하는 것)	
종교적인 것(하나님께 대한 것)	
이웃에 대한 것(인간에 대한 죄)	
절제하지 못한 죄 (자신에 대한 죄)	

6. 우리 그리스도인의 삶은 어떤 생활이어야 합니까?(24-26)

_____

_____

말씀의 깨달음

1. 사람의 마음속에 거하는 선과 악의 갈등은 믿음으로 거듭난 자의 고민입니다. 그러나 성령의 충만함 속에 살아가면 이런 고

민은 해결됩니다. 그러나 계속 성령의 인도함을 받기란 여간 어려운 일이 아닙니다. 그 이유는 무엇이며 이것이 주는 영적인 교훈은 무엇입니까?(참고, 롬 7:15-23; 고후 10:4; 엡 6:12)

2. 어떠한 것도 성령의 9가지 열매를 제한할 수 없다는 것은 성령의 사역에 있어서 독특한 면을 말해 준다고 볼 수 있습니다. 여기서 성령의 열매를 금지할 법이 없다는 것은 어떤 것인지 자신이 이해하는 말로 설명해 보십시오(참고, 딤전 1:9-11; 갈 3:19, 24).

3. 그리스도인이 자신의 정욕과 욕심을 십자가에 못 박았다 하는 것은 그리스도와 함께 못 박힘을 말합니다. 결국 이것은 그리스도인의 어떤 생활을 의미합니까?(참고, 롬 6:6-11)

말씀의 적용

1. 우리들이 성령 안에서 살 때 성령의 열매를 맺게 됩니다. 한 주간 동안 내 삶에 성령의 열매가 나타났는지 검토해 보면서 얼마나 성령 안에서 생활을 했는지 각자 살펴보십시오.
그리고 성령의 9가지 열매 중에서 나에게 가장 부족하다고 여겨

지는 것은 어떤 것인지 말해 보십시오.

09

2. 본문에 열거된 육체의 일 가운데 계속 나를 지배하고 있는 것이 있다면 그것은 무엇인지 우선순위대로 열거해 보고 이것을 통해 내가 느끼는 바를 말해 보십시오.

3. 한주간의 삶 가운데 자신의 정욕을 십자가에 못 박는(성령의 인도함을 받는 삶) 삶을 살기 위해서 무엇을 실천해야 한다고 생각합니까? 구체적인 실천 계획을 세워 보고 한주간에 그 실천 계획을 서로 점검해 보십시오.

	이번 주 실천 계획	다음 주 점검
자신에 대한 것		
이웃에 대한 것		

함께 기도하기

1. 가라지나 가짜 열매가 아닌 성령의 열매가 맺히는 삶을 살게 하소서!
2. 성령의 충만함 속에 죄의 유혹에 빠지지 않도록 나의 생활을 도우소서!

묵상의 글

J. 샌더슨의 《성령의 열매》라는 책에서 성령의 열매를 위장한 가짜 열매, 열매가 아닌 가라지, 성령의 열매를 잘 비교해 놓았습니다. 이것을 통해 과연 내게 있는 열매가 성령의 열매인지 살펴보는 것은 유익할 것입니다. 아래 목록을 통하여 자기에게 해당되는 것에 O 표를 해보고 잠시 묵상해 보십시오.

가라지	표시	가짜 열매	표시	성령의 열매	표시
미움		제한된 사랑		사랑	
슬픔		일시적인 기쁨		기쁨	
분냄, 투기		부주의함		화평	
참지 못함		게으름, 무관심		오래 참음	
교만		친절을 가장함		자비	
사악		위선		양선	
불신앙		냉담		충성	
이기심		거짓 겸손		온유	
무절제		낮은 차원의 선		절제	

개 인   점 검 표

과	일자	과제(기도, 성경읽기)	기도제목	출석유무	점검
1					
2					
3					
4					
5					
6					
7					
8					
9					
10					
11					
12					

• 과제/ 상. 중. 하

지 체 원   돌 봄 표

(   ) 지체   이름:

번호	이름	전화	주소	1	2	3	4	5	6	7	8	9	10	11	12
지체장															
1															
2															
4															
5															
6															
7															
8															
9															
10															
11															
12															

• 지체원의 이름을 적어 서로의 출석을 체크하고 점검하면서 격려하고 보살핍니다. 지체원이기에 서로 관심을 가져야 합니다. 이런 돌봄을 통해 그리스도의 몸된 유기체적인 관계를 경험하며 그리스도의 몸을 세우게 됩니다. (전화, 방문, 편지, 배운 것 전해주기, 대화 등으로 한주간 동안에 한 번 이상씩 지체원들과 유기적인 교제를 합니다.)

중 보 기 도 일 지

이름 :

번호	기도요청자	월일	기도내용	기도응답내용	응답일
1					
2					
3					
4					
5					
6					
7					
8					
9					
10					
11					
12					
13					
14					
15					

나의 간증

저자 이대희 목사

장로회 신학대학교 신학대학원(M.Div)과 연세대학교 연합신학대학원(Th.M)을 졸업하고 현재 에스라 성경대학원대학교 성경학박사(D.Liit) 과정 중이다.

예장총회교육자원부 연구원과 서울장신대학교 신학과 교수를 역임하고 서울 극동방송에서 "알기쉬운성경공부" "기독교 이해" 등 프로그램을 진행했다. 지난 20여 년 동안 성서사람·성서한국·성서교회·성서나라의 모토를 가지고 한국적 성경교육과 실천사역을 위해 집필과 세미나와 강의사역을 하고 있다. 현재 바이블미션(www.bible91.org) 대표, 꿈을주는교회 담임목사, 독수리기독중고등학교 성경교사, 강남성서신학원 외래교수, 서울장신대 겸임교수로 사역 중이다.

저서로 《30분성경공부시리즈》《투데이성경공부시리즈》《아름다운 십대성경공부시리즈》《이야기대화식성경연구》《성경통독을 위한 11가지 리딩포인트》《심방설교 이렇게 준비하라》《예수님은 어떻게 교육했을까?》《1% 가능성을 성공으로 바꾼 사람들》《자녀를 거인으로 우뚝 세우는 침상기도》《하룻밤에 배우는 쉬운 기도》《하나님 이것이 궁금해요》《크리스천이 꼭 알아야 할 100문 100답》 등 100여 권이 있다.

새로운 사람

엔 크 리 스 토　제 자 양 육 성 경 공 부　3　-　정 착 과 정

초판1쇄 발행일 ㅣ 2008년 6월 20일

지은이 ㅣ 이대희
펴낸이 ㅣ 박종태
펴낸곳 ㅣ 엔크리스토
마케팅 ㅣ 정문구, 강한덕, 신주철
관리부 ㅣ 이태경, 박재영, 맹정애, 강지선

출판등록 ㅣ 2004년 12월 8일(제2004-116호)
주　소 ㅣ 경기도 고양시 일산동구 장항동 568-17
전　화 ㅣ (031) 907-0696
팩　스 ㅣ (031) 905-3927
이메일 ㅣ visionbooks@hanmail.net
공급처 ㅣ 비전북 전화 (031) 907-3927 팩스 (031) 905-3927

ISBN 978-89-92027-48-9　04230

값 3,000원

● 잘못된 책은 바꾸어 드립니다.
● 이 교재의 사용 방법, 내용, 훈련, 세미나에 대한 문의는 바이블미션(02-403-0196, 016-731-9078)으로 해주시면 최선을 다해 도와드리겠습니다.

엔크리스토 성경 공부 양육 과정

투데이 성경공부

평생 성경공부할 수 있도록 구성한 시리즈. 주제별로 구성되어 있어 각 교회의 상황에 맞게 커리큘럼을 재구성하여 사용할 수 있다.

101 신앙기초(전 9권 완간) | 201 예수제자(전 9권 완간) | 301 새생활(전 12권 완간)
601 성경개관(전 10권 완간) | 401 · 501 · 701 발간 예정

30분 성경공부

신앙생활의 기초를 다루었으며 신앙의 전체 그림을 그릴 수 있는
2년 과정의 소그룹 성경교재. 성경공부를 시작할 때 사용하면 효과적이다.

믿음편 | 기초 · 성숙   생활편 | 개인 · 영성 · 교회 · 가정 · 이웃 · 일터 · 사회 · 세계
성경탐구편 | 창조시대 · 족장시대 · 출애굽시대 · 광야시대 · 정복시대/사사시대 · 통일왕국시대 ·
분열왕국시대 · 포로시대/포로귀환시대 · 복음서시대1 · 복음서시대2 · 초대교회시대 · 서신서시대

아름다운 십대 성경공부

십대들이 꼭 알아야 할 성경의 핵심내용과 기독교적 가치관, 세계관을 정립하는 데 필요한 핵심주제를 담고 있으며, 3년 과정으로 구성되었다.

101 자기정체성 · 복음 만남 · 신앙생활 · 멋진 사춘기 · 예수의 사람(전 5권)
201 가치관 · 믿음뼈대 · 십대생활 · 유혹탈출 · 하나님의 사랑(전 5권)
301 비전과 진로 · 신앙원리 · 생활열매 · 인생수업 · 성령의 사람(전 5권)

책별 성경공부

성경 전체 66권을 각 권별로 자유롭게 선택하여 사용할 수 있는 성경공부.
성경 전체를 체계적으로 연구할 수 있다.

창세기 1 · 2 · 3 · 4, 느헤미야, 요한복음 1 · 2, 로마서, 에스더, 다니엘, 사도행전 1 · 2 · 3
(계속 발간됩니다)

*지도자를 위한 지침서
• 이야기대화식 성경연구 | 이대희 지음 | 10,000원

• 인도자 지침서(십대 성경공부 101시리즈) | 이대희 지음 | 10,000원
• 인도자 지침서(십대 성경공부 201시리즈) | 이대희 지음 | 10,000원
• 인도자 지침서(십대 성경공부 301시리즈) | 이대희 지음 | 10,000원
• 인도자 지침서(30분 성경공부 믿음편 기초, 성숙|생활편 개인, 교회)
  | 이대희 지음 | 10,000원

특 징

성경 66권을 쉽고 재미있게, 깊이 있게 배우면서 한국적 토양에 맞는 현장과 삶에 적용하는 한국적 성경전문학교

모집과정(반별로 2시간씩이며 선택 수강 가능)

- 성경주제반: 성경의 중요한 핵심 주제를 소그룹의 토의와 질문을 통하여 배운다.(투데이성경공부/30분성경공부)
- 성경개관반: 66권의 성경 전체의 맥과 흐름을 일관성 있게 잡아준다.(잘 정리된 그림과 도표와 본문 사용)
- 성경책별반: 66권의 책을 구약과 신약 한 권씩 선정하여 워크숍 중심으로 학기마다 연구한다.(3년 과정)

모집대상

목회자반/ 신학생반/ 평신도반(교사, 부모, 소그룹 양육리더, 구역장, 중직)

시 간

월요일(오전 10시 30분~오후 5시 30분/ 개관반 · 책별반 · 주제반)

수업학제

겨울학기 : 12~2월 ┃ 봄학기 : 3~6월 ┃ 여름학기 : 7~8월 ┃ 가을학기 9~11월
(자세한 내용은 홈페이지 참조 요망. 학기마다 사정에 따라 일자가 변경될 수 있음)

수업의 특징

- 이야기대화식 성경연구방법으로 12주(3개월 과정) 진행
- 전달이나 주입식이 아닌 성경 보는 눈을 열어주고 경험하게 하면서 성경의 보화를 스스로 캐는 능력을 터득하게 하는 방법을 지향하며 소그룹 워크숍 형태로 진행

강사 : 이대희 목사와 현직 성서학 교수와 현장 성경전문 강사

장소 : 바이블미션
　　　　서울시 송파구 가락동 96-5(지하철 8호선 가락시장역)

신청 : 개강 1주일 전까지 선착순 접수(담당 : 채금령 연구간사)

문의 : 바이블미션–엔크리스토 성경대학(016-731-9078, 02-403-0196)
　　　　(홈페이지 www.bible91.org)